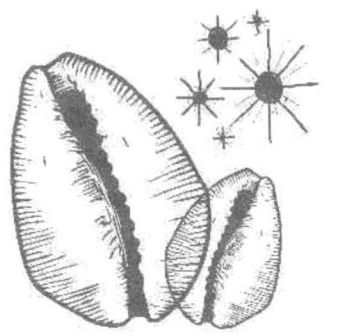

# Orixás 2022

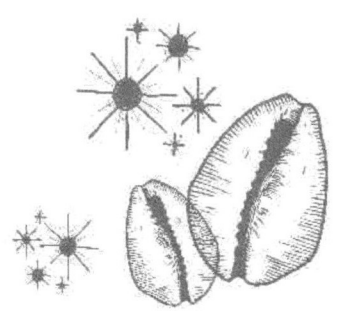

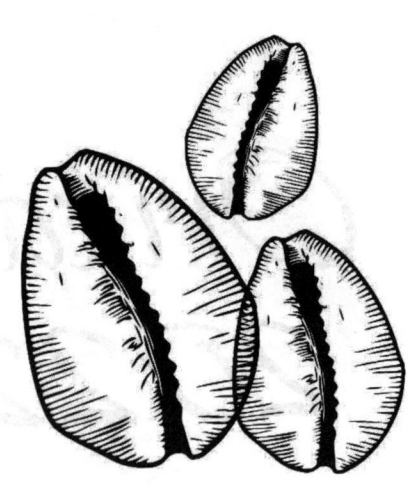

## Dados Pessoais

Nome: _____
Endereço: _____
_____
Cidade: _____ UF: _____ CEP: _____ - _____
Tel.: (___) _____ - _____ Cel.: (___) _____ - _____
E-mail: _____
Website: _____

## Dados Comerciais

Nome: _____
Endereço: _____
_____
Cidade: _____ UF: _____ CEP: _____ - _____
Tel.: (___) _____ - _____ Cel.: (___) _____ - _____
E-mail: _____
Website: _____

## Informações Importantes:

Tipo sanguíneo: _____ Fator RH: ( ) Positivo ( ) Negativo

Alergias: _____
_____

Em caso de acidente ou perda deste diário, avisar a:

Nome: _____ Telefone: (___) _____ - _____

Nome: _____ Telefone: (___) _____ - _____

Outras informações: _____
_____
_____

# Calendário 2022

## Janeiro
| D | S | T | Q | Q | S | S |
|---|---|---|---|---|---|---|
|   |   |   |   |   |   | 1 |
| 2 | 3 | 4 | 5 | 6 | 7 | 8 |
| 9 | 10 | 11 | 12 | 13 | 14 | 15 |
| 16 | 17 | 18 | 19 | 20 | 21 | 22 |
| 23 | 24 | 25 | 26 | 27 | 28 | 29 |
| 30 | 31 |   |   |   |   |   |

## Fevereiro
| D | S | T | Q | Q | S | S |
|---|---|---|---|---|---|---|
|   |   | 1 | 2 | 3 | 4 | 5 |
| 6 | 7 | 8 | 9 | 10 | 11 | 12 |
| 13 | 14 | 15 | 16 | 17 | 18 | 19 |
| 20 | 21 | 22 | 23 | 24 | 25 | 26 |
| 27 | 28 |   |   |   |   |   |

## Março
| D | S | T | Q | Q | S | S |
|---|---|---|---|---|---|---|
|   |   | 1 | 2 | 3 | 4 | 5 |
| 6 | 7 | 8 | 9 | 10 | 11 | 12 |
| 13 | 14 | 15 | 16 | 17 | 18 | 19 |
| 20 | 21 | 22 | 23 | 24 | 25 | 26 |
| 27 | 28 | 29 | 30 | 31 |   |   |

## Abril
| D | S | T | Q | Q | S | S |
|---|---|---|---|---|---|---|
|   |   |   |   |   | 1 | 2 |
| 3 | 4 | 5 | 6 | 7 | 8 | 9 |
| 10 | 11 | 12 | 13 | 14 | 15 | 16 |
| 17 | 18 | 19 | 20 | 21 | 22 | 23 |
| 24 | 25 | 26 | 27 | 28 | 29 | 30 |

## Maio
| D | S | T | Q | Q | S | S |
|---|---|---|---|---|---|---|
| 1 | 2 | 3 | 4 | 5 | 6 | 7 |
| 8 | 9 | 10 | 11 | 12 | 13 | 14 |
| 15 | 16 | 17 | 18 | 19 | 20 | 21 |
| 22 | 23 | 24 | 25 | 26 | 27 | 28 |
| 29 | 30 | 31 |   |   |   |   |

## Junho
| D | S | T | Q | Q | S | S |
|---|---|---|---|---|---|---|
|   |   |   | 1 | 2 | 3 | 4 |
| 5 | 6 | 7 | 8 | 9 | 10 | 11 |
| 12 | 13 | 14 | 15 | 16 | 17 | 18 |
| 19 | 20 | 21 | 22 | 23 | 24 | 25 |
| 26 | 27 | 28 | 29 | 30 |   |   |

## Julho
| D | S | T | Q | Q | S | S |
|---|---|---|---|---|---|---|
|   |   |   |   |   | 1 | 2 |
| 3 | 4 | 5 | 6 | 7 | 8 | 9 |
| 10 | 11 | 12 | 13 | 14 | 15 | 16 |
| 17 | 18 | 19 | 20 | 21 | 22 | 23 |
| 24 | 25 | 26 | 27 | 28 | 29 | 30 |
| 31 |   |   |   |   |   |   |

## Agosto
| D | S | T | Q | Q | S | S |
|---|---|---|---|---|---|---|
|   | 1 | 2 | 3 | 4 | 5 | 6 |
| 7 | 8 | 9 | 10 | 11 | 12 | 13 |
| 14 | 15 | 16 | 17 | 18 | 19 | 20 |
| 21 | 22 | 23 | 24 | 25 | 26 | 27 |
| 28 | 29 | 30 | 31 |   |   |   |

## Setembro
| D | S | T | Q | Q | S | S |
|---|---|---|---|---|---|---|
|   |   |   |   | 1 | 2 | 3 |
| 4 | 5 | 6 | 7 | 8 | 9 | 10 |
| 11 | 12 | 13 | 14 | 15 | 16 | 17 |
| 18 | 19 | 20 | 21 | 22 | 23 | 24 |
| 25 | 26 | 27 | 28 | 29 | 30 |   |

## Outubro
| D | S | T | Q | Q | S | S |
|---|---|---|---|---|---|---|
|   |   |   |   |   |   | 1 |
| 2 | 3 | 4 | 5 | 6 | 7 | 8 |
| 9 | 10 | 11 | 12 | 13 | 14 | 15 |
| 16 | 17 | 18 | 19 | 20 | 21 | 22 |
| 23 | 24 | 25 | 26 | 27 | 28 | 29 |
| 30 | 31 |   |   |   |   |   |

## Novembro
| D | S | T | Q | Q | S | S |
|---|---|---|---|---|---|---|
|   |   | 1 | 2 | 3 | 4 | 5 |
| 6 | 7 | 8 | 9 | 10 | 11 | 12 |
| 13 | 14 | 15 | 16 | 17 | 18 | 19 |
| 20 | 21 | 22 | 23 | 24 | 25 | 26 |
| 27 | 28 | 29 | 30 |   |   |   |

## Dezembro
| D | S | T | Q | Q | S | S |
|---|---|---|---|---|---|---|
|   |   |   |   | 1 | 2 | 3 |
| 4 | 5 | 6 | 7 | 8 | 9 | 10 |
| 11 | 12 | 13 | 14 | 15 | 16 | 17 |
| 18 | 19 | 20 | 21 | 22 | 23 | 24 |
| 25 | 26 | 27 | 28 | 29 | 30 | 31 |

## Feriados Nacionais

| Data | Feriado |
|---|---|
| 01/01 | Confraternização Universal |
| 28/02 | Carnaval |
| 01/03 | Carnaval |
| 15/04 | Paixão de Cristo |
| 21/04 | Tiradentes |
| 01/05 | Dia do Trabalho |
| 16/06 | Corpus Christi |
| 07/09 | Independência do Brasil |
| 12/10 | Nossa Sra. Aparecida - Padroeira do Brasil |
| 02/11 | Finados |
| 15/11 | Proclamação da República |
| 25/12 | Natal |

# CALENDÁRIO 2023

## JANEIRO

| D | S | T | Q | Q | S | S |
|---|---|---|---|---|---|---|
| 1 | 2 | 3 | 4 | 5 | 6 | 7 |
| 8 | 9 | 10 | 11 | 12 | 13 | 14 |
| 15 | 16 | 17 | 18 | 19 | 20 | 21 |
| 22 | 23 | 24 | 25 | 26 | 27 | 28 |
| 29 | 30 | 31 | | | | |

## FEVEREIRO

| D | S | T | Q | Q | S | S |
|---|---|---|---|---|---|---|
| | | | 1 | 2 | 3 | 4 |
| 5 | 6 | 7 | 8 | 9 | 10 | 11 |
| 12 | 13 | 14 | 15 | 16 | 17 | 18 |
| 19 | 20 | 21 | 22 | 23 | 24 | 25 |
| 26 | 27 | 28 | | | | |

## MARÇO

| D | S | T | Q | Q | S | S |
|---|---|---|---|---|---|---|
| | | | 1 | 2 | 3 | 4 |
| 5 | 6 | 7 | 8 | 9 | 10 | 11 |
| 12 | 13 | 14 | 15 | 16 | 17 | 18 |
| 19 | 20 | 21 | 22 | 23 | 24 | 25 |
| 26 | 27 | 28 | 29 | 30 | 31 | |

## ABRIL

| D | S | T | Q | Q | S | S |
|---|---|---|---|---|---|---|
| | | | | | | 1 |
| 2 | 3 | 4 | 5 | 6 | 7 | 8 |
| 9 | 10 | 11 | 12 | 13 | 14 | 15 |
| 16 | 17 | 18 | 19 | 20 | 21 | 22 |
| 23 | 24 | 25 | 26 | 27 | 28 | 29 |
| 30 | | | | | | |

## MAIO

| D | S | T | Q | Q | S | S |
|---|---|---|---|---|---|---|
| | 1 | 2 | 3 | 4 | 5 | 6 |
| 7 | 8 | 9 | 10 | 11 | 12 | 13 |
| 14 | 15 | 16 | 17 | 18 | 19 | 20 |
| 21 | 22 | 23 | 24 | 25 | 26 | 27 |
| 28 | 29 | 30 | 31 | | | |

## JUNHO

| D | S | T | Q | Q | S | S |
|---|---|---|---|---|---|---|
| | | | | 1 | 2 | 3 |
| 4 | 5 | 6 | 7 | 8 | 9 | 10 |
| 11 | 12 | 13 | 14 | 15 | 16 | 17 |
| 18 | 19 | 20 | 21 | 22 | 23 | 24 |
| 25 | 26 | 27 | 28 | 29 | 30 | |

## JULHO

| D | S | T | Q | Q | S | S |
|---|---|---|---|---|---|---|
| | | | | | | 1 |
| 2 | 3 | 4 | 5 | 6 | 7 | 8 |
| 9 | 10 | 11 | 12 | 13 | 14 | 15 |
| 16 | 17 | 18 | 19 | 20 | 21 | 22 |
| 23 | 24 | 25 | 26 | 27 | 28 | 29 |
| 30 | 31 | | | | | |

## AGOSTO

| D | S | T | Q | Q | S | S |
|---|---|---|---|---|---|---|
| | | 1 | 2 | 3 | 4 | 5 |
| 6 | 7 | 8 | 9 | 10 | 11 | 12 |
| 13 | 14 | 15 | 16 | 17 | 18 | 19 |
| 20 | 21 | 22 | 23 | 24 | 25 | 26 |
| 27 | 28 | 29 | 30 | 31 | | |

## SETEMBRO

| D | S | T | Q | Q | S | S |
|---|---|---|---|---|---|---|
| | | | | | 1 | 2 |
| 3 | 4 | 5 | 6 | 7 | 8 | 9 |
| 10 | 11 | 12 | 13 | 14 | 15 | 16 |
| 17 | 18 | 19 | 20 | 21 | 22 | 23 |
| 24 | 25 | 26 | 27 | 28 | 29 | 30 |

## OUTUBRO

| D | S | T | Q | Q | S | S |
|---|---|---|---|---|---|---|
| 1 | 2 | 3 | 4 | 5 | 6 | 7 |
| 8 | 9 | 10 | 11 | 12 | 13 | 14 |
| 15 | 16 | 17 | 18 | 19 | 20 | 21 |
| 22 | 23 | 24 | 25 | 26 | 27 | 28 |
| 29 | 30 | 31 | | | | |

## NOVEMBRO

| D | S | T | Q | Q | S | S |
|---|---|---|---|---|---|---|
| | | | 1 | 2 | 3 | 4 |
| 5 | 6 | 7 | 8 | 9 | 10 | 11 |
| 12 | 13 | 14 | 15 | 16 | 17 | 18 |
| 19 | 20 | 21 | 22 | 23 | 24 | 25 |
| 26 | 27 | 28 | 29 | 30 | | |

## DEZEMBRO

| D | S | T | Q | Q | S | S |
|---|---|---|---|---|---|---|
| | | | | | 1 | 2 |
| 3 | 4 | 5 | 6 | 7 | 8 | 9 |
| 10 | 11 | 12 | 13 | 14 | 15 | 16 |
| 17 | 18 | 19 | 20 | 21 | 22 | 23 |
| 24 | 25 | 26 | 27 | 28 | 29 | 30 |
| 31 | | | | | | |

## Feriados Nacionais

- 01/01    Confraternização Universal
- 20/02    Carnaval
- 21/02    Carnaval
- 07/04    Paixão de Cristo
- 21/04    Tiradentes
- 01/05    Dia do Trabalho
- 08/06    Corpus Christi
- 07/09    Independência do Brasil
- 12/10    Nossa Sra. Aparecida - Padroeira do Brasil
- 02/11    Finados
- 15/11    Proclamação da República
- 25/12    Natal

# Carta de Compromisso Pessoal

Eu, _____,
firmo esta Carta de Compromisso Pessoal comigo mesma, de maneira pessoal e sincera, reconhecendo que de agora em diante serei a única pessoa responsável pela minha vida!

Compreendo e aceito o fato de que muitas das situações vividas no dia-a-dia estão fora do meu controle, mas que sobre todas elas tenho sempre a escolha de insistir ou deixá-las ir.

Reconheço que até hoje, por diversas vezes, resisti em admitir que muito sofrimento e dor poderiam ter sido evitadas ou modificadas se eu tivesse tido a coragem necessária para olhar sinceramente para dentro de mim mesma e encarado minha sombra.

Ainda assim, não me culpo por isso. Sou humana e, por isso mesmo, estou em constante aprendizado e evolução. Dessa maneira, assumo de agora em diante esse compromisso comigo, em nome da minha felicidade.

Desse momento em diante me liberto de todas as cargas negativas do passado e decido conscientemente conhecer melhor a mim mesma e despertar a minha melhor versão.

_____
Eu, no primeiro dia do melhor ano da minha vida.

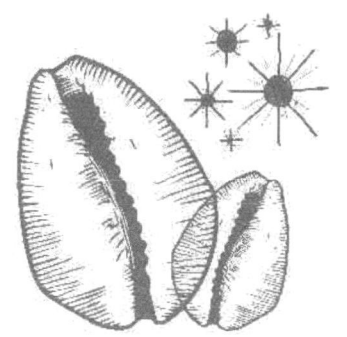

# Odus

## Os Caminhos do Destino e as Chaves do Eu Interior

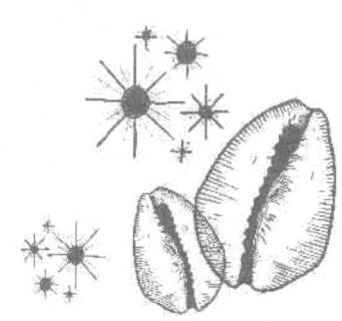

Imagine que você decidiu fazer uma viagem de férias e, para isso, existem 16 estradas principais para chegar até o destino planejado. Em algumas dessas estradas o sol brilha entre campos verdes; em outras, há chuvas e temporais assustadores. Há também aquelas em que, mesmo com a garoa fina, a paisagem é encantadora e vale a pena se molhar um pouco para apreciá-la.

Agora, imagine também que essas estradas se interligam criando novos caminhos. Ao começar sua viagem você se organiza para seguir determinado trajeto, mas no decorrer do passeio avista uma placa indicando algum ponto turístico que lhe interessa, ou fura um pneu, ou decide pegar um desvio para fazer um lanche. Cada curva dessas estradas, cada mudança de trajeto, lhe traz novas opções de viagem, novas paisagens e novos desafios, e conforme o tempo passa, mesmo que o seu destino final continue o mesmo, você descobre inúmeras experiências e acontecimentos que nunca antes havia pensado, simplesmente porque decidiu mudar o roteiro original da sua viagem.

*Na vida e na forma como vivemos a vida os Odus são essas estradas, servindo como possíveis caminhos para que você desenvolva as suas melhores capacidades e experimente as dores e as delícias de viver.*

Numa outra analogia: é como se cada Odu fosse um leque de possibilidades de vidas, de acontecimentos positivos e negativos, de erros e acertos pelos quais todos poderão passar durante a jornada pela Terra.

Nossa vida é formada por um conjunto desses Odus, por seus cruzamentos e pela combinação dessas possibilidades.

Do ponto de vista espiritualista, os Odus são os signos de Ifá, o Orixá da Sabedoria, identificados e interpretados a partir das posições aberta/fechada das conchas durante a consulta ao *Merindilogun* - o Jogo de Búzios – ou das sementes no *Opelê Ifá* – o oráculo tradicional dos sacerdotes iorubás. É através deles que os Orixás e todas as energias espirituais se comunicam conosco e influenciam o nosso Destino, e pelas quais Exu - o Orixá da Comunicação e do Movimento - recebe nossas oferendas e as leva até os Deuses, trazendo de lá Suas bênçãos.

Os Odus são divididos em dois grupos, totalizando 256 combinações: os 16 principais, chamados *Odu Meji*; e os 240 secundários, chamados *Omo Odu*. Os nomes dos 16 Odus principais são:

- Okaran;
- Ejiokô;
- Etá-Ogunda ou Ogundá;
- Iorossun;
- Oxê;
- Obará;

- Odi;
- Ejiogbê ou Ejionilé;
- Ossá;
- Ofun;
- Owarin;
- Ejilaxeborá;
- Ojiologbon ou Ejiologbon;
- Iká;
- Obeogundá;
- Aláfia.

Cada um dos 256 Odus é representado por inúmeros mitos e lendas próprios que, em suas histórias, trazem conselhos e orientações dos Orixás para as diversas situações da vida religiosa e cotidiana. Pela correta interpretação das mensagens contidas nesses mitos, os sacerdotes identificam as situações que passam na vida de quem os procura e apontam as energias que interferem de maneira positiva ou negativa para isso.

Ao identificarem essas situações, os sacerdotes também diagnosticam a origem desses problemas, indicando as soluções a serem realizadas para cada uma dessas situações. Essas soluções, por sua vez, podem ser atingidas através de uma mudança de atitudes, ou pela correção de algumas escolhas em relação à vida e às pessoas ao seu redor... Podem ser, ainda, que para a solução em questão seja necessária a realização de rituais mágicos e oferendas aos Orixás - chamados comumente pelo nome genérico de *ebós*.

A palavra *ebó*, de origem iorubá, significa alimento, oferenda, e consegue resumir numa única palavra o maior sentido do culto aos Orixás: alimentar o corpo, a mente e o espírito com as diversas forças da natureza. Não é à toa que a base de todas as religiões de matriz africana sejam as oferendas de comidas votivas.

A culinária brasileira – em especial a de origem na Bahia e em todo o nordeste do país -, com origem nas senzalas e nos mercados, representa muito bem essa íntima ligação que os deuses e os seres humanos têm entre si. O professor e pesquisador em antropologia das populações afro-brasileiras e alimentação e cultura Vilson Caetano de Sousa Júnior, no livro "Comida de Santo que se come", descreve essa relação entre a comida e a religião com excelência:

> *"Nas religiões de matriz africana, a comida é entendida como força, dom, energia presente nos grãos, raízes, folhas e frutos que brotam da terra. A comida é a força que alimenta os ancestrais e ao mesmo tempo o meio através do qual a comunidade alcança o mais alto grau de intimidade com o sagrado através da consumação.*
> *[...]*
> *Nas cozinhas dos terreiros, grãos, raízes, folhas, frutos, hortaliças, carnes e bebidas recebem*

*tratamento especial, e através das palavras de encantamento transformam-se em verdadeiros corpos ancestrais que devem ser consumidos pelas comunidades.*
*[...]*
*Nas religiões de matriz africana há comidas provenientes dos sacrifícios [animais], chamadas comidas de ejé, e as comidas secas, aquelas feitas à base de cereais, tubérculos, leguminosas, folhas e frutos.".*

Muito mais do que só alimentar, a comida é o que aproxima e une a comunidade e lhe reconecta às divindades, que assim como seus devotos, compartilham dela tornando-se, homens e deuses, um só. Eis um dos maiores segredos trazidos pelos negros escravizados ao Brasil e consolidado nas tradições espirituais e cotidianas: o alimento nutre, fortalece, regozija e cura. Curioso observar, inclusive, que para uma oferenda ser aceita, aquele que a oferece deve sempre, necessariamente, comer a primeira parte após entregá-la, em comunhão a Exu, o comunicador divino.

Ainda sobre essa questão, o *babalawo* Adilson Martins (Ifaleke Aráilé Obi), em seu livro "O Jogo de Búzios por Odu" (*Ed. Pallas, 2012*) nos fala um pouco sobre a cultura africana, em que o físico e o espiritual estão sempre interligados:

*"...não cai uma folha de árvore sem que para isso haja uma predeterminação espiritual ou um motivo de fundo religioso.*

*[...]*
*As forças superiores são sempre solicitadas na solução dos problemas do quotidiano e, seja qual for a religião de escolha do indivíduo, a prática da magia é sempre adotada na busca de suas soluções, mesmo que esta prática seja velada ou mascarada com outros nomes."*

É por isso, afinal, que para todo e qualquer problema ou perigo identificado durante a consulta aos Odus, através de seus mitos e significados eles indicarão um ritual mágico – um *ebó* – a fim de que se alcance a solução desejada, como verdadeiros remédios espirituais. Da mesma maneira, para toda situação positiva e satisfatória, a fim de que se mantenham em nossos caminhos, os Odus também indicarão *ebós* que servirão como presente e agrado às divindades, fortalecendo a comunhão entre você e a espiritualidade e, portanto, atraindo e potencializando suas influências em nossas vidas, permitindo que as coisas sigam da forma que desejamos e se multipliquem conforme as indicações contidas naquele Odu.

Um alerta importante, porém, é que assim como todos os Orixás estão relacionados a um ou mais Odus, também todos os *ebós* estão ligados a seus mitos e simbolismos. Por serem remédios espirituais, nenhum *ebó* deve ser realizado sem que, antes, os Odus sejam consultados: como bem disse o médico e físico Paracelso em meados do século XVI, *"a diferença entre o remédio e o veneno é a dose"*. Pode parecer estranho pensar dessa maneira quando entendemos que os ebós têm, muitas vezes, aspectos positivos e objetivos de potencializar determinada energia ou situação em nossas vidas; entretanto, é preciso lembrar que o princípio básico da existência humana é o equilíbrio!

Como vimos, cada um dos Odus e das centenas de combinações possíveis entre eles traz em si aspectos positivos e negativos e nós, seres humanos, estamos sujeitos aos dois aspectos de cada uma delas. Para os nossos caminhos transcorram em harmonia e possamos evoluir, nosso *Universo Interior* precisa estar em equilíbrio com as influências do *Mundo Exterior*.

É como eu ensino sobre o uso de banhos de ervas no livro "O Poder das Folhas": ao realizar um ritual para a prosperidade, por exemplo, ainda que o objetivo inicial seja atrair recursos financeiros, de nada adiantará utilizar os ingredientes unicamente destinados a esse fim sem que, antes, estejamos energeticamente preparados para saber administrá-los. Assim como unir todos os ingredientes específicos a um objetivo singular pode transformar o ritual numa verdadeira bomba energética, também a atração ou repulsão de determinada energia que não seja exatamente a que se precisa equilibrar pode, ao invés de curar a dor ou potencializar a bênção, realizar o efeito contrário. Nem sempre o que nos falta é o dinheiro: ele chega e vai embora, sem que percebamos onde ou no quê. Nem sempre o que falta é alguém que nos ame: somos amados, mas exigimos tanto sem dar nada em troca que inconscientemente afastamos as pessoas. Nem sempre o que nos afeta é a doença: temos corpo saudável, mas nossas angústias e medos somatizam no físico o que a alma não é capaz de processar.

A chave para a sua revolução pessoal, para verdadeiramente transformar a sua vida, é justamente entender como cada uma das energias de fora pode ser equilibrada com as energias de dentro, seja através do estudo e trabalho consciente sobre os seus Odus de Nascimento, seja através de rituais de magia, seja através de mudanças profundas no seu comportamento.

*As bênçãos dos Orixás vêm a quem se reconhece como um ser único no Universo e tudo no Universo é energia em equilíbrio.*

Com isso, chegou a hora de deixarmos um pouco de lado os fundamentos tradicionais africanos e passarmos a aprender como essas energias e seus significados se relacionam com a construção da nossa identidade e personalidade através da numerologia.

Você sabia que, a partir da sua data de nascimento, os Odus também estão relacionados a todas as áreas da nossa vida – como amor, carreira e desafios do destino -, regendo nossas escolhas e a forma como vivemos? Vou te explicar...

Além de trazerem as mensagens dos Orixás sobre os acontecimentos do cotidiano e as orientações sobre como resolver os problemas que se apresentam em nosso dia-a-dia, fazendo um retrato do *Mundo Exterior* no nosso momento presente e de como as energias dele nos influenciam, os Odus também se relacionam com o momento do nascimento de cada um de nós e determinam características marcantes da nossa personalidade, da maneira como pensamos e sentimos e da forma como nos relacionamos com as pessoas e com o Universo.

São os chamados *Odus de Nascimento*, identificados a partir da somatória dos algarismos que compõe nossa data de nascimento, formando um conjunto inicial de seis energias diferentes, como um *Mapa Astral dos Orixás*. Cada uma dessas energias corresponde a uma área da vida: personalidade, identidade, evolução pessoal, carreira e intelectual, relacionamentos interpessoais e amorosos, desafios do destino e revolução interior.

Cada Odu de Nascimento influencia nossas escolhas e decisões sobre a área da vida que rege durante toda nossa existência e o principal deles – chamado *Odu Ori* – atua como se fosse os signos de um *Horóscopo Africano*.

Ao mesmo tempo, além da energia específica desses Odus sobre a área da vida em questão, cada um deles ainda se relaciona aos Orixás desse caminho e recebe influência desses Orixás sobre os aspectos específicos da regência que está sendo analisada, formando inúmeras variações possíveis entre eles. Assim, duas pessoas com o mesmo Odu regente numa das posições do Mapa serão influenciadas diferentemente pela atuação em conjunto do Odu e dos Orixás que se manifestam nele. E se houvesse uma forma de desvendar a própria alma e conhecer os segredos mais íntimos da sua personalidade?

É exatamente isso que a interpretação dos seus Odus de Nascimento faz! Levando você a um verdadeiro mergulho dentro de si, a interpretação detalhada dos seus Odus de Nascimento permite que você conheça e compreenda sua forma de amar e de se relacionar, de se expressar com as pessoas, de lidar com as emoções e enfrentar os desafios do Destino.

A partir dessas interpretações e com o trabalho consciente sobre as características positivas e negativas que carregam, você se torna capaz de se conhecer melhor e entender a dinâmica que o mundo espiritual tem nas suas escolhas e decisões, passando a tomá-las de maneira mais integral e inteligente. Ao olhar para dentro de si e descobrir o seu *Universo Interior*, você também pode contar com a força e o auxílio dos Orixás para te auxiliar na busca pelo sucesso e pela felicidade, construindo uma jornada de autoconhecimento, descobrimento pessoal e vitórias na sua vida.

Assim como na astrologia e na numerologia tradicionais, diversas interpretações e cruzamentos entre essas energias podem ser identificadas, desde a mais simples – como a leitura individual do Odu Principal da sua regência – até as mais complexas – como as subcombinações entre as seis posições principais do Mapa Astral dos Orixás.

Quanto mais profundo o olhar, mais é possível conhecer a personalidade de cada pessoa e a forma como ela se relaciona com o ambiente ao seu redor e consigo. Já pensou poder entender como as pessoas com quem você convive, o lugar onde mora e a sua história em família interferem e influenciam a sua vida – e como você influencia a vida dessas pessoas?

## Diferenças entre o Jogo de Búzios e os Odus de Nascimento

A primeira lição parece uma frase simples e óbvia, mas o grande erro da maioria das pessoas que vêm se aconselhar ou consultar o Jogo de Búzios comigo é justamente ignorarem essa lição, olhando apenas para um ou outro lado da moeda...

*Nossa vida e nosso destino são o resultado de dois grandes grupos de energias que se combinam e se complementam: o Mundo Exterior e o Universo Interior.*

Algumas delas (poucas, na verdade) fazem um trabalho intenso ao olhar para dentro de si e compreender a maneira como lidam com os próprios sentimentos e emoções. Observam os aprendizados do passado para evitar repeti-los, assumem verdadeiramente a responsabilidade sobre suas ações e mudam algumas decisões do presente com base no que encontraram dentro de si mesmas. Assim, começam aos poucos a modelarem os resultados que pretendem obter no futuro próximo a partir dessas mudanças... O problema aí é que acabam extrapolando algumas expectativas e muitas vezes confundindo responsabilidade com culpa, passando a se frustrar por não atingirem determinado objetivo no tempo ou da maneira que desejavam, ou ainda a se punirem inconscientemente por isso.

O outro lado dessa moeda (e que infelizmente é o que a grande maioria das pessoas faz) acontece, justamente, quando elas não olham para dentro de si mesmas – ou pior, olham e acreditam que não há nada a mudar e melhorar! Tão acostumadas a sentirem-se vítimas perseguidas por toda e qualquer coisa no mundo que não sejam elas mesmas, essas pessoas têm o dedo indicador constantemente apontado para fora: *fulano não gosta de mim, por isso não consegui aquele emprego... Beltrano tem inveja de mim, por isso me persegue e convence a todos que sou ruim... Eu só fiz isso porque Ciclano fez aquilo...* Esquecem, porém, que quando um dedo aponta para fora, outros três apontam para dentro, mostrando que em toda e qualquer situação, nós sempre teremos alguma parcela de participação e responsabilidade!

Pare por um instante e responda sinceramente para si mesma:

- Quantas pessoas você conhece que são assim?
- Quantas vezes você já contou essas mesmas mentiras para si?

É claro que existem pessoas ruins e invejosas no mundo! É claro que muitas situações da vida prática vão além do nosso controle direto e acabamos sujeitos às circunstâncias! O ponto chave em qualquer uma dessas situações, de um ou de outro lado da moeda, é compreender que por mais ou menos intenso e consciente que seja o nosso trabalho interior, nenhum de nós é uma ilha. Vivemos em um mundo de energias e assim como somos influenciados por elas e pela interação com as pessoas ao nosso redor, também influenciamos tudo o que nos acontece e quem se aproxima da gente!

A verdade é que absolutamente todas as situações que vivemos no dia-a-dia são fruto e resultado dessas interações, da soma entre as escolhas que fazemos e das escolhas de outras pessoas, sejam estas escolhas positivas ou negativas sobre aquilo que desejamos. Como em uma balança invisível na qual de um lado estão nossas escolhas e energias pessoais e do outro estão as influências do mundo, para alcançarmos o tão desejado equilíbrio que nos guiará ao sucesso e à felicidade precisamos equilibrar seus dois lados... E aí está a grande diferença entre consultar o Jogo de Búzios, ouvindo a voz dos Orixás, e compreender as regências dos seus Odus de Nascimento: um completa, complementa e equilibra o outro!

O seu Mapa Astral dos Orixás é único e não se modifica com o passar do tempo, representando as energias que formam o seu *Universo Interior* e a maneira como você influencia o ambiente ao seu redor. Porém, esse ambiente se modifica a cada momento e, por isso, a consulta ao Jogo de Búzios se modifica também! Ao unir as interpretações do Mapa Astral e do Jogo de Búzios, tornamo-nos capazes de compreender como o momento presente - *Mundo Exterior* - está influenciando os seus caminhos e de que maneira as suas energias pessoais - *Universo Interior* - está influenciando essas situações ao redor.

A primeira vez que eu fiz o meu Mapa Astral dos Orixás pessoal foi incrível: parecia que em poucas palavras a minha vida inteira estava sendo descrita, passo a passo... Mas eu preciso te contar uma coisa: foi quando eu comecei a olhar para os meus Odus de Nascimento a cada seis meses, mais ou menos, que eu fui capaz de realmente entender a influência que cada aspecto da minha personalidade e da minha maneira de agir e reagir em relação ao que me acontecia e perceber o quanto eu tinha mudando. Algumas vezes pra pior, é claro... Mas na maioria das vezes, pra melhor!

Vou te dar um exemplo real e contar resumidamente os meus últimos vinte e poucos anos de vida: desde que eu comecei a minha carreira profissional, aos 16 anos, até mais ou menos os meus 24 anos de idade, sempre trabalhei na área de tecnologia, desenvolvendo softwares e sistemas para a internet. Nessa idade, eu fiz a minha primeira grande transição de carreira e fui deixando os computadores de lado pra me dedicar integralmente aos Orixás, passando a atender centenas de pessoas através do Jogo de Búzios por uns quatro ou cinco anos a partir dali. Já com 29 anos de idade, eu escrevi o meu primeiro livro, chamado "Desvendando Exu" e dali pra frente passei a me dividir entre os atendimentos espirituais, a nova carreira como escritor e o trabalho como editor na Arole Cultural.

Olhando pra essa curta linha do tempo e por mais diferente que as atividades que eu tenha exercido sejam entre si, você consegue perceber como o Odu Iorossun definiu cada uma delas?

No início, pra criar os programas de computador, eu precisei aprender e utilizar da melhor maneira possível as *linguagens de programação*, que são como o idioma que os computadores falam. Depois, como babalorixá nos atendimentos espirituais, eu precisava entender as mensagens dos Orixás e "*traduzi-las*" da melhor maneira possível pra que os consulentes compreendessem os recados, aprimorando a maneira como eu me *comunicava*. Agora, como editor e escritor, preciso mais do que nunca *falar e escrever* de maneira clara e ao mesmo tempo envolvente, pra que você leia com prazer e aprenda cada lição que os livros querem transmitir.

O meu Odu de Nascimento mudou nesses anos todos? Claro que não! Mas as situações ao meu redor, os desafios que vivenciei e as oportunidades que surgiram e que foram sendo aproveitadas se transformavam a cada instante... E a cada uma delas, quando eu sentia que precisava de respostas ou de uma orientação sobre os caminhos a seguir, eu buscava alguém pra consultar o Jogo de Búzios pra mim e passava, então, a tentar entender como os conselhos dos Orixás poderiam se tornar ainda mais positivos se eu os aliasse aos potenciais que os meus Odus de Nascimento já definiam em mim, no meu jeito de ser!

Se você quer realmente transformar a sua vida e despertar a sua melhor versão através dos seus Odus de Nascimento, então precisa entender que a principal mudança começa de dentro. É por isso que a maioria das pessoas continua repetindo as mesmas situações e buscando eternamente uma solução externa para os problemas da vida: querem que tudo mude, menos elas! Querem que a vida se transforme, desde que não precisem sair da zona de conforto em que se colocaram!

Ao perceber como os seus Odus de Nascimento interagem com cada situação específica do Mundo ao seu redor, novas transformações pessoais acontecerão a cada instante, permitindo que você cresça e evolua rumo equilíbrio desejado! E quando isso acontecer, você certamente estará muitos passos adiante nessa jornada que vamos começar agora!

## Os Orixás de Cabeça

Um dos principais conceitos da vida em sociedade é o princípio de identificação e pertencimento: desde a infância, quando nascemos e somos cuidados por nossos pais; passando pela escola, quando buscamos o cuidado e atenção daquela professora especial; na adolescência, quando formamos nossos grupos de amizades; até a vida adulta, quando encontramos alguém pra amar... Todo mundo gosta de se sentir protegido, de ser parte de algum grupo, de se reconhecer nas pessoas ao seu redor e sentir que elas também se reconhecem em nós!

Na espiritualidade isso acontece da mesma maneira! Seja qual for a sua religião, todas elas têm uma crença em comum: cada um de nós é uma partícula divina, um pedacinho dos deuses vivendo na Terra e, nas religiões de matriz africana, esse *senso de filiação* e *pertencimento* está intimamente ligado ao que costumamos chamar de *ancestralidade*: "*eu sou hoje o resultado de todos aqueles que vieram antes de mim*"!

Assim como acontece na vida física desde a infância, quando a nossa identidade e personalidade são formadas por uma combinação de influências dos pais e da família onde nascemos, das pessoas com quem convivemos, da nossa interpretação pessoal sobre essas pessoas e sobre os acontecimentos, também na vida espiritual essa formação acontece pela combinação de uma série de energias, em especial pelas influências dos Odus de Nascimento e da nossa *ancestralidade espiritual*. Por isso, somos considerados *filhos* dos Orixás!

Assim, a pergunta mais comum que a maioria das pessoas faz quando se fala sobre Odus e Jogo de Búzios é "*quem são os meus Orixás de Cabeça?*" – afinal, quem não quer saber quem são seus pais e mães?

Porém, é importante que as lições anteriores tenham ficado claras pra você até aqui, pois elas serão necessárias pra compreender o que eu vou dizer agora (mesmo que muitos autores e sacerdotes digam diferente, aqui eu assumo o risco, pois os que dizem o contrário não sabem o que falam):

*Odu de Nascimento não define os Orixás Pai e Mãe de Cabeça!*

Ora! Se na vida física nossa identidade e nossa personalidade são construídas a partir das influências que recebemos de diversas pessoas e situações – dentre elas, nossos pais carnais -, e se os Odus de Nascimento são as regências de como essa mesma identidade e personalidade são definidas no mundo espiritual, como é que pai e mãe seriam determinados por elas? Além disso, aceitar que o Odu de Nascimento defina quem são seus Orixás de Cabeça seria o mesmo que dizer que todas as pessoas do mundo nascidas no mesmo dia que você sejam filhas do mesmo pai e mães espirituais!

Portanto, é fundamental que isso fique muito claro: os Odus de Nascimento e Mapa Astral dos Orixás são *ferramentas de autoconhecimento e desenvolvimento pessoal*. Somente a consulta ao Jogo de Búzios ou ao Opelê Ifá, realizadas por sacerdotes verdadeiramente iniciados nos mistérios dessas tradições, é que poderão identificar quem são os seus Orixás de Cabeça – que, inclusive, podem ser um pai e uma mãe, dois pais ou duas mães: as famílias plurais também existem na espiritualidade!

## JOGO DE BÚZIOS: A VOZ DOS ORIXÁS

Os desafios do século XXI fazem a vida parecer cada dia mais acelerada, dando a impressão de que nunca há tempo suficiente para cumprir todos os compromissos e, muito menos, planejar e realizar aquilo que verdadeiramente lhe dá prazer, não é mesmo? O mais intrigante, talvez, é que essa rotina alucinada parece se repetir em todas as fases da vida.

Não importa se você tem 20, 30 ou 50 anos... Desde que deixamos a adolescência e assumimos as responsabilidades da vida adulta, parece que nunca mais tivemos a oportunidade de olhar para dentro de nós mesmos, de ouvirmos o nosso coração e cuidarmos do nosso jardim interior com a mesma tranquilidade e, por que não dizer, com a mesma dedicação que nos era possível na juventude.

Eu falo por experiência: comecei a trabalhar formalmente logo que completei 16 anos, como estagiário no departamento de tecnologia do colégio onde cursei o Ensino Médio. Poucos meses antes de completar 18 anos, subi num ônibus carregado de todas as minhas bagagens e deixei uma cidade de 200 mil habitantes rumo à selva de pedra chamada São Paulo, onde passei a morar sozinho (*na verdade, dividia apartamento com amigos, mas vale a história*) e dedicar praticamente todo o meu tempo a construir os primeiros passos da minha carreira na área da informática, aos estudos da faculdade e a conseguir pagar as contas do início da vida adulta. Passo a passo fui conquistando pequenas promoções e posições no mercado de trabalho até que, cinco anos depois e já com uma carreira bem estruturada, surgiram as primeiras grandes exigências e compromissos profissionais, viagens a trabalho e oportunidades de crescimento financeiro efetivo.

Parecia a realização final de um grande sonho e, naquele momento, eu sentia como se tivesse chegado ao topo da grande montanha que me propusera a escalar! Eu me sentia completo, orgulhoso de mim mesmo e merecedor de todas os louros, afinal, havia batalhado incansavelmente desde muitos anos antes para chegar ali!

Mal sabia eu que atingindo aqueles primeiros objetivos, novos e maiores planos surgiriam imediatamente a seguir e, com eles, também novas e ainda maiores exigências. Junto a elas, o sabor da vitória que eu experimentara poucos meses antes começava a perder o gosto e a graça. Nesse momento da vida eu já estava cursando minha segunda faculdade (verdade seja dita: não completei a primeira), tinha deixado o apartamento que dividia com os colegas para morar sozinho de verdade, em outro bairro da cidade, e meu círculo social era completamente diferente daquele de quando cheguei na cidade grande. Ao olhar para o lado, porém, observando a vida, a rotina e as histórias contadas pelos meus amigos e amigas da época, percebi que o mesmo acontecia com todos eles...

Tínhamos grandes sonhos, tínhamos grandes planos, e cada ano que passava parecia que havia menos tempo para buscá-los. Os dias se preenchiam com a rotina: completar os estudos, estudar ainda mais, criar os filhos, pagar as contas, construir um bom casamento, cuidar da casa... E a cada dia, novas escolhas, novas decisões e novas dúvidas. Bem, acredito que você saiba bem o que estou querendo dizer, certo?

Em meio a isso tudo, quantas vezes eu - e *você também, admita!* – me senti diante de uma encruzilhada, sem saber que caminho escolher... Quantas vezes olhei para o céu e perguntei em pensamento: *meus deuses, qual é o meu destino?* Quantas vezes, com um nó na garganta, desejei ansioso ouvir uma mera palavra divina que indicasse como seguir em frente e, mesmo com tantos desafios, como encontrar um momento de paz e felicidade duradouro...

*Até que um dia eu finalmente ouví essa palavra!*

Na primeira vez que busquei uma consulta ao Jogo de Búzios, pude sentir nitidamente a presença dos Orixás. Era como ouvi-los ao meu lado, falando ao meu coração tudo o que deveria ser feito dali por diante. Eles me chamavam, falavam comigo e para mim, me orientavam sobre os *se* e sobre os *senões* para que eu pudesse, finalmente, escolher o melhor caminho a seguir sem estar à mercê dos acontecimentos. Eles me ensinavam a me tornar uma pessoa melhor diariamente e, quando as dores e os perigos do mundo se aproximavam, me estendiam a mão e realizavam sua magia para me proteger.

Ao ouvir a voz dos Orixás pela primeira vez eu compreendi que tinha uma missão de vida e que a partir dali deveria transformar essa missão em propósito: levar a palavra dos Orixás a todas as pessoas que assim desejassem, buscassem e estivessem dispostas a ouvi-la. Por tudo isso, eu me tornei Babalorixá e dediquei a minha vida dali pra frente a estudar e compreender como essa *voz* se fazia ouvida e *quais mensagens ela transmitia*.

## O QUE É O JOGO DE BÚZIOS?

O Jogo de Búzios é a fala dos Orixás, através dos quais, com a devida interpretação dos Odus a que esses Orixás se relacionam e das combinações entre eles o sacerdote interpreta a mensagem das divindades, seja ela de bênção ou de perigo. É também através dessas interpretações que poderão ser identificados qual o seu Orixás "de cabeça", quais os demais Orixás que abençoam a sua espiritualidade e quais as energias do universo estão interferindo de maneira positiva ou negativa para que você possa atingir os seus desejos e objetivos.

A consulta ao Jogo de Búzios revela os seus desejos, os seus sonhos e objetivos, as perspectivas para o seu futuro, as maneiras de seguir trilhando um caminho de vitórias ou os motivos pelos quais você ainda não chegou aonde gostaria – sejam eles motivos de sua responsabilidade, pelos quais o sacerdote deverá lhe orientar quanto a mudanças de comportamento ou decisões, sejam eles por influências exteriores. Nesses casos, especialmente, a partir de suas interpretações também se identificarão as formas de corrigir os problemas e de potencializar as soluções frente e todo o tipo de males do corpo e da alma através dos *ebós*: saúde, carreira e trabalho, evolução pessoal e desafios, amor e relacionamentos e muitas outras questões. Mais que isso, é preciso compreender que:

> *O Jogo de Búzios trata das energias e influências exteriores que neste momento da sua vida estão influenciando seu caminho, como um retrato do mundo presente ao seu redor e da maneira como ele lhe afeta.*

Pode parecer apenas uma questão semântica, mas é importante que isso fique claro: o *futuro* como costumamos pensá-lo, no sentido de fatos que ainda não ocorreram e que estão pré-determinados a surgirem nos nossos caminhos por determinação de alguma força sobrenatural, não existe! Somos seres livres e pensantes, dotados de capacidade analítica e do poder de tomar decisões – ainda que, muitas vezes, decidamos não tomar nenhuma e deixar que as situações transcorram conforme as vontades alheias.

Talvez eu esteja correndo um grande risco falando isso assim, abertamente, mas a verdade é essa: nenhum oráculo e nenhum sacerdote que siga os fundamentos corretos de sua tradição religiosa - qualquer que seja ela – tem o dom de prever o *futuro*. Assim como ninguém vai ao médico e passa por procedimentos para tratar males do corpo que ainda não existem, ninguém vai aos Orixás afastar aquilo que ainda não se aproximou ou modificar aquilo que ainda não se conhece ou que ainda não aconteceu.

*Entende a importância de assumir a sua vida e decidir, consciente e verdadeiramente, a responsabilidade pelo seu presente?*

Nesse sentido, a consulta aos Odus desvenda o seu presente, identifica quais são as energias que influenciam o seu momento presente, compreende os motivos do passado que deram origem a isso e, através da sabedoria de Orunmilá - o Orixá do Conhecimento – informa quais serão os resultados das escolhas e atitudes de agora no porvir, *caso você não mude, caso não tome uma atitude frente a essas "previsões"*. Lembra da história que contei sobre a moça perseguida no trabalho, que anos depois enfrentava os mesmos problemas? Presente desvendado, origens no passado identificadas e possíveis soluções indicadas – dentre elas, a troca de emprego. Houve mudança? Não! Houve a escolha por não mudar? Consciente ou inconscientemente, houve, e com isso as "previsões" não se cumpriram!

Uma vez que tenhamos compreendido isso, passaremos a compreender a verdadeira magia dos Orixás, que é a multiplicação das bênçãos através da dinâmica da *dádiva*, conceito elaborado pelo sociólogo e antropólogo francês Marcel Mauss (1872-1950). Sobre isso, transcrevo a seguir um trecho do livro "*O Segredo das Folhas: Magia Prática para o Dia-a-Dia*", o volume três da *Trilogia As Folhas Sagradas*:

*De maneira simplificada, o pesquisador afirma que todas as relações humanas, físicas ou simbólicas, estão baseadas na dinâmica da dádiva: dar, receber e retribuir. No artigo "A sociologia de Marcel Mauss: Dádiva, simbolismo e associação", publicado na Revista Crítica de Ciências Sociais, que discorre sobre as implicações sociais e políticas da teoria de Marcell Mauss, o autor diz:*

*"A dádiva está presente em todas as partes e não diz respeito apenas a momentos isolados e descontínuos da realidade. O que circula tem vários nomes: chama-se dinheiro, carro, móveis, roupas, mas também sorrisos, gentilezas, palavras, hospitalidades, presentes, serviços gratuitos, dentre muitos outros.*

*[...] diferentemente dos demais animais, o humano se caracteriza pela presença da vontade, da pressão da consciência de uns sobre outros, das comunicações de ideias, da linguagem, das artes plásticas e estéticas, dos agrupamentos e religiões, em uma palavra, complementa, das 'instituições que são o traço da nossa vida em comum'"*

*Ainda que a teoria de Mauss trate das questões de ordem prática nas relações entre as sociedades humanas, a partir de seu conceito de dádiva é possível perceber a dinâmica das energias da qual falamos: se eu dou de maneira negativa, recebo também negativamente e retribuo por igual; ao passo que se dou de maneira positiva, recebo positivismo e, portanto, retribuo positivamente. Uma vez que tudo isso já acontece de forma automática, imagine os resultados fantásticos que poderíamos alcançar usando essa mesma dinâmica de maneira consciente!*

*Nas religiões de matriz africana essa prática é levada ainda mais além: quem acredita na força e no poder dos Orixás vivencia a dádiva quase que diariamente, mesmo quando não tem consciência disso. Ao realizarmos nossas oferendas em agradecimento pelas bênçãos recebidas, ao acendermos uma vela para fortalecer as intenções dos nossos pedidos, ao louvarmos nossos Orixás através dos cantos e das danças rituais... Enfim, todo e qualquer ato dedicado aos Orixás é uma dádiva que, pelo caráter espiritual da prática religiosa, ganha dois novos componentes: a magia e o propósito.*

*[...]*

*Dessa maneira, podemos afirmar que todo e qualquer ato de devoção ou ritual realizado aos Orixás é, em si, um ato de magia – afinal, cremos que a força e o poder dos Orixás são capazes de produzir efeitos inexplicáveis em nossas vidas. Ao mesmo tempo, um ato de magia é sempre guiado por uma motivação, por um objetivo: quem faz um pedido, pede alguma coisa; quem faz um agradecimento, agradece por algum resultado.*

*Logo, a prática da espiritualidade está baseada, justamente, na união desses três aspectos: consciência – eu sei o que estou fazendo e faço por vontade própria; magia – eu busco a intervenção divina para transformar as energias dos elementos rituais em resultados sobrenaturais; e propósito – eu tenho um objetivo específico para aquilo que faço.*

*Para que possamos seguir adiante, porém, é preciso lembrarmo-nos de um fator fundamental: nenhum destes três aspectos nos isenta de assumir a responsabilidade por aquilo que estamos buscando, por aquilo que estamos fazendo desde agora até a obtenção do resultado desejado e, principalmente, por aquilo que faremos após conquistarmos nossos desejos ou alcançarmos nosso propósito. Dar, receber e retribuir é um processo cíclico e contínuo, que cresce e expande conforme o praticamos e que, portanto, não deve ser quebrado por aqueles que buscam verdadeiramente viver em harmonia, em felicidade e em prosperidade, deixando de ser apenas imagem e semelhança para, de fato, tornar-se partícula divina.*

É por encarar o passado, o presente e o futuro dessa maneira que, diferente de outros oráculos, na consulta ao Jogo de Búzios você não precisa fazer qualquer pergunta: Orunmilá, junto a Exu, sabe exatamente aquilo que se passa no seu coração e nos seus caminhos e por isso as mensagens sagradas são decifradas sem que se diga nada. Ainda assim, é claro, como uma ferramenta profunda e poderosa de orientação e aconselhamento pessoal, durante uma consulta ao Jogo de Búzios você poderá fazer as perguntas que desejar sobre quaisquer assuntos e áreas da sua vida, pois Exu é a força que revela os mistérios do Universo.

## QUER AGENDAR A SUA CONSULTA AO JOGO DE BÚZIOS?

Se assim como eu, você também deseja ouvir a voz dos Orixás e as orientações que eles têm para a sua vida e o seu destino, que tal agendar sua consulta ao Jogo de Búzios? Os atendimentos podem ser presenciais, em Mairiporã/SP, ou à distância, onde quer que você esteja! Para reservar o seu horário agora mesmo aponte a câmera do seu celular ou tablet para o código QR-Code ao lado ou acesse o site

www.arolecultural.com.br/previsoes

# As Fases da Lua na Magia

Você já reparou quantas vezes, desde pequenos, olhamos para o céu e admiramos a Lua em suas diversas fases? Crescente, Cheia, Minguante ou Nova... A Lua e seus ciclos sempre serviram de referência para guiar nossos passos e muitas vezes nos auxiliar a tomar decisões. Quem nunca se perguntou qual a melhor fase da Lua para essa ou aquela decisão do dia-a-dia como cortar o cabelo ou plantar um novo vaso de poder? Se a Lua é importante para o cotidiano, imagine o tamanho de sua importância para a magia!

Desde os tempos antigos as fases da Lua vêm influenciando a vida e os rituais humanos - sejam eles mágicos ou cotidianos. Não é à toa que muitas pessoas se utilizam do calendário lunar para tomar decisões importantes em suas vidas: os pescadores e camponeses, por exemplo, não conheciam as influências mágicas das fases da Lua, mas sempre souberam qual o melhor período para uma ou outra atividade no campo e nas águas. Da mesma forma, o aumento do número de parturientes durante a Lua Cheia, por exemplo, é também muito conhecido. A propósito, a Lua exerce uma influência especial sobre as mulheres e suas regras mensais. Por esse motivo, ela é considerada uma divindade em diversas tradições mágicas - as diversas faces do Sagrado Feminino: a donzela, a mãe, a anciã e a guerreira se refletem e personificam a cada ciclo lunar.

Na Magia Cigana, na Umbanda, no Candomblé e na magia com as folhas sagradas não é diferente: a influência da Lua é muitas vezes considerada para determinar o melhor momento para se realizar esse ou aquele tipo de ritual, banho ou defumação, dependendo dos objetivos que queremos atingir. Para rituais de louvação a *Ori*, por exemplo, nosso Orixá Individual, ou em ebós e rituais que busquem a prosperidade e a abertura de caminhos, é fundamental considerar a maneira como a Lua se posiciona no céu.

Então... Quais são as potências e objetivos que devem ser trabalhados em cada uma delas?

## Lua Crescente

Crescente é a fase em que a Lua sai da escuridão e começa a renascer, iluminando o céu. Por isso, é propícia aos rituais de potencialização, multiplicação e atração. Rituais que tenham por objetivo aumentar o que se deseja, o nascimento de crianças, nutrição das amizades e dos relacionamentos, amor, sensualidade e sentimentos, harmonização das situações e dos ambientes, boa sorte, negócios e prosperidade devem ser realizados durante esse período.

## Lua Cheia

Cheia é a fase em que a Lua está mais visível e brilhante, reinando plena no céu. É nesse período que as energias espirituais atingem seu ápice e se consolidam, vibrando mais forte. Por isso, é propícia aos rituais de fortalecimento, preenchimento, fertilidade, virilidade e sexualidade, comunicação, brilho, sucesso e visibilidade, assinatura de contratos e parcerias, felicidade, coragem e fortaleza, conquista e domínio, definição de situações amorosas e realização de casamentos.

## Lua Minguante

Minguante é a fase em que a Lua vai diminuindo o brilho até desaparecer, morrendo por alguns dias. É o momento propício para o encerramento de tudo o que não é mais necessário ou desejado, o banimento de energias negativas, libertação e finalização, reversão de situações indesejadas, cura (*no sentido de eliminar a doença*), morte e ressureição simbólicas, maturidade e sabedoria ancestral, venda de imóveis e quebra de feitiços maléficos.

## Lua Nova

Nova é a fase em que a Lua não está visível no céu, preparando-se para renascer em seu novo ciclo. Por isso, é um período de instabilidade energética, repleto de mistérios e inseguranças, de morte e escuridão, de reclusão, sendo propício, porém, para a meditação e o autoconhecimento.

# Lua Fora de Curso

Além das fases Crescente, Cheia, Minguante e Nova, a Lua ainda passa por uma quinta fase perigosíssima, que pode acontecer a qualquer momento e anular todos os seus objetivos mágicos? Vou te explicar mais sobre esse assunto delicado e complexo...

Tem dias que tudo o que precisamos - ou, pelo menos, tudo o que gostaríamos - é parar, não é mesmo? Desligar o celular, sair do Facebook e do Instagram, esquecer os e-mails e olhar pra dentro de nós mesmos... Ficar um tempo a mais na cama, ou talvez se esticar um pouco no sofá, como se não houvesse preocupações e compromissos lá fora. Um momento para recarregar as energias, para não pensar em nada e, ao mesmo tempo, recriar os planos e projetos que serão realizados nos dias seguintes. Na magia esse momento também existe!

Independente da fase em que se encontre, algumas vezes a Luz deixa de vibrar energeticamente, tirando um momento para se realinhar consigo mesma e nos convidando a fazer o mesmo. A Lua Vazia, também chamada Lua Fora de Curso, acontece a cada dois ou três dias, sempre que a Lua completa seu último aspecto em qualquer um dos signos do zodíaco até o momento em que ela ingressa no signo seguinte. Esse período pode durar alguns minutos ou até mesmo horas e, durante elas, os trabalhos mágicos e rituais devem ser totalmente evitados, sob risco de terem seus objetivos anulados. Tudo o que é iniciado tende a ser incerto e imprevisível, estando sujeito a erros e frustrações.

O primeiro astrólogo a popularizar a Lua Vazia foi o americano Al Morrison e observou que "*todas as ações empreendidas enquanto a Lua está fora de curso por alguma razão sempre falham em seus resultados planejados ou pretendidos*". É um período de recolhimento espiritual e energético, que devemos utilizar para a observação de si mesmo e o planejamento dos novos objetivos. Nas palavras do astrólogo brasileiro Oscar Quiroga:

> *"A agenda cultural que rege nossos dias não respeita esse ritmo, pretende que sejamos produtivos sempre que despertos, mas essa é uma aberração, ninguém suporta ser produtivo o tempo inteiro durante a vigília. Os períodos de Lua Vazia são os momentos astrológicos em que a subjetividade reina e, por isso, nós adquirimos licença cósmica para nos dedicar à sagrada arte da despreocupação."*

Durante os períodos de Lua Vazia as pessoas em geral tendem a parecerem "desligadas" da realidade, como se fossem puxadas para dentro de si mesmas, tornando-se pouco objetivas e dificultando o discernimento e a lucidez para tomar decisões. Por esse motivo, deve-se evitar a realização de toda ação importante e decisiva para sua vida e seus caminhos, como por exemplo:

- Iniciar relacionamentos;
- Assinar contratos;
- Adquirir ou vender bens como carros, imóveis, roupas etc.;
- Lançar novos negócios e/ou empreendimentos;
- Estrear shows, peças, exposições etc.;
- Participar de entrevistas de emprego;
- Iniciar uma nova carreira;
- Realizar cirurgias ou intervenções médicas (exceto as de emergência);
- Realizar longas viagens;
- Ter conversas para resolver problemas afetivos ou de relacionamento;
- Experimentar novos processos e/ou procedimentos em qualquer área;
- Realizar provas, testes ou exames de qualificação;
- Formalizar e/ou contratar negócios de médio e longo prazo.

Ainda assim, os períodos de Lua Vazia têm suas vantagens, já que nos conectam de forma especial ao nosso eu interior. Com isso, esses momentos são propícios para o ócio criativo, para a continuidade daquilo que já está em andamento, para o relaxamento do corpo e da alma e para a meditação e reflexão. Em poucas palavras, as Luas Vazias favorecem as questões subjetivas da alma em detrimento das questões objetivas da matéria.

Observar esse aspecto na hora de realizar os seus rituais, banhos e defumações com as folhas sagradas pode servir como um excelente guia para fortalecer seus propósitos mágicos e a maneira com que o Universo age e responde sobre seus desejos.

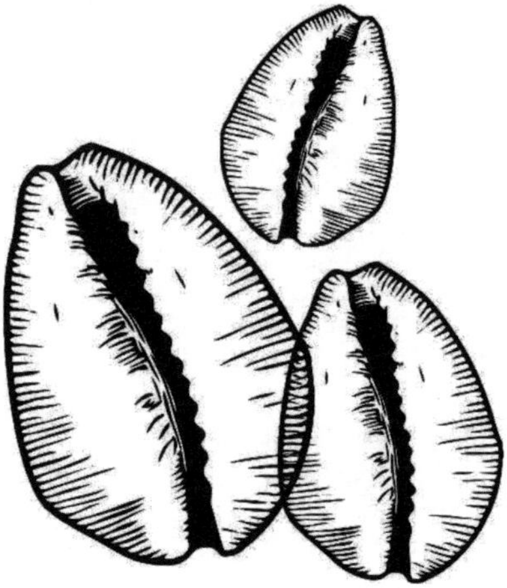

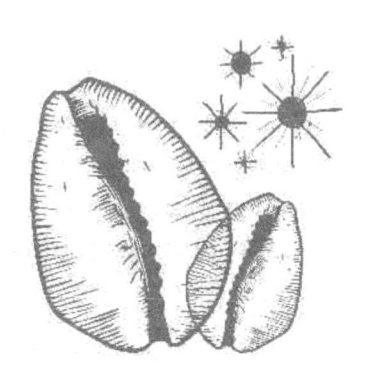

# Um presente pra você

## Como acessar o seu Mapa Astral dos Orixás completo

Estamos chegando ao início da nossa jornada neste ano e como agradecimento pela sua companhia quero te dar um presente: **o seu Mapa Astral dos Orixás completo!** Pra isso, é só seguir as instruções:

1) Acesse a "*Área do Cliente*" no site ***www.arolecultural.com.br*** e faça seu cadastro utilizando o cupom promocional abaixo e o código de barras que aparece na contracapa da sua agenda. ATENÇÃO: se você já tiver cadastro, faça o login na Área do Cliente e ative seu presente no menu "Cadastrar Cupom Bônus".

2) Depois de cadastrar seu cupom e fazer o seu login, escolha a opção "*Meus Conteúdos > Mapa Astral dos Orixás*".

3) Clique no botão indicado para confirmar os seus dados pessoais e pronto! Você receberá por e-mail o link de acesso ao seu **Mapa Astral dos Orixás**!

2022-1204D3

## CASA Onde

**INCENSO ARTESANAL**

coleção
*As Folhas Sagradas*
por DIEGO DE OXÓSSI

### AMOR & SEDUÇÃO

COM ÓLEOS ESSENCIAIS DE
ROSAS, PITANGA, ALMÍSCAR,
YLANG YLANG E PATCHOULY
E FLORAIS DINAMIZADOS
WILD ROSE, LARCH,
CHICORY E PINE

QUEIMA POR APROX. 50 MINUTOS
100% NATURAL
10 VARETAS

---

**INCENSO ARTESANAL**

coleção
*As Folhas Sagradas*
por DIEGO DE OXÓSSI

### ABRE CAMINHO & PROSPERIDADE

COM ÓLEOS ESSENCIAIS DE
PALO SANTO, ALECRIM,
SÂNDALO, CANELA E CRAVO
E FLORAIS DINAMIZADOS
ELM, CERATO, GORSE E
WHITE CHESTNUT

QUEIMA POR APROX. 50 MINUTOS
100% NATURAL
10 VARETAS

---

CONHEÇA A NOVA COLEÇÃO DE
# INCENSOS ARTESANAIS
*As Folhas Sagradas*

# CASA AROLE

Aconchego, Decoração e Bem Estar

**Produto Artesanal**

**100% Natural**

**Produzido com Óleos Essenciais e Florais de Bach**

## INCENSO ARTESANAL

### Coleção As Folhas Sagradas
*por Diego de Oxóssi*

**PROTEÇÃO & HARMONIA**

Com óleos essenciais de Violeta, Benjoim, Lemongrass e Jasmim e florais dinamizados Impatiens e Olive.

Queima por aprox. 50 minutos
100% Natural
10 Varetas

## INCENSO ARTESANAL

### Coleção As Folhas Sagradas
*por Diego de Oxóssi*

**LIMPEZA ESPIRITUAL**

Com óleos essenciais de Lavanda, Sálvia Branca, Mirra, Arruda e Citronela e florais dinamizados Chestnut Bud, Centaury e Crab Apple.

Queima por aprox. 50 minutos
100% Natural
10 Varetas

---

Acesse o QR-Code e cadastre-se para ficar sabendo das novidades e receber nossas promoções!

**www.casaarole.com.br**

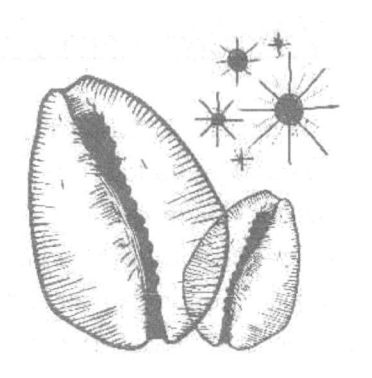

# Janeiro

## Odu do mês: Odi

Não há caminho fácil quando a dor vem do coração.

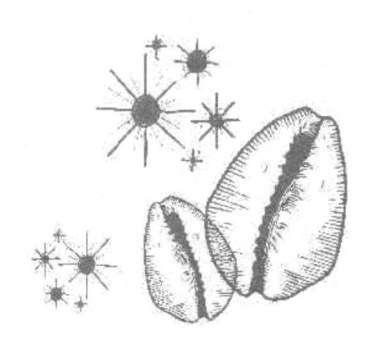

# Previsões para Janeiro

A regência do Odu Odi sobre Janeiro acende um sinal de alerta para os cuidados com o Orixá Exu. Este será um período de provações da fé, que deverá se manter inabalada acima de tudo e apesar de tudo. Mesmo em seu aspecto positivo, o Odu Odi indica a superação das adversidades, reafirmando a presença constante delas; por isso, de nada adiantará fingir que não está vendo as pedras em seu caminho - muito menos chutá-las à frente... Isso só adiará os problemas e poderá torná-los ainda maiores.

Evite criar expectativas sobre quaisquer situações até o fim do mês, a fim de dissipar as angústias e as frustrações; a influência dos aspectos negativos desse Odu faz com que tudo pareça bem até o último instante, quando então nos sufoca sobre uma avalanche de imprevistos que acaba levando tudo embora. O Odu Odi é um caminho traiçoeiro, que dá o gosto da vitória e depois o tira sem que percebamos.

Ainda assim, quando bem tratado, esse Odu traz movimento, tirando as coisas da estagnação, fazendo com que surjam oportunidades onde antes não se viam caminhos. Para isso, é fundamental procurar a orientação do Jogo de Búzios para a correta realização de ebós de limpeza, afastando o aspecto negativo desse Odu, e oferendar Exu Olonã para que Ele esteja sempre à sua frente, guardando e guiando seus passos.

A influência do Orixá Omolu nesse período pede atenção à saúde, em especial às doenças de pele; caso sinta qualquer mudança no seu corpo ou na sua saúde, busque imediatamente um médico e siga todas as orientações. Além disso, tome banhos de limpeza espiritual uma vez por semana, para amenizar e equilibrar as suas vibrações pessoais (*se preferir, você pode encomendá-los em www.casaarole.com.br*).

*Odu Ejionilé* NO ASPECTO *negativo*

<u>ORIXÁ REGENTE:</u> *Oxoguiã*

☽ LUA MINGUANTE

*Lua fora de curso: 01/01 às 05:15h até 01/01 às 20:02h*

**01**

**SÁBADO**

*Janeiro*

Confraternização Universal

|  | |
|---|---|
| 07h | |
| 08h | |
| 09h | |
| 10h | |
| 11h | |
| 12h | |
| 13h | |
| 14h | |
| 15h | |
| 16h | |
| 17h | |
| 18h | |
| 19h | |

FELICIDADE E PROSPERIDADE: ESSAS SÃO AS PROMESSAS DE OXOGUIÃ PARA O SEU DIA!

*Ejionilé*

ANOTAÇÕES:

# 02

*Odu Ossá* NO ASPECTO *negativo*

<u>ORIXÁ REGENTE:</u> *Iyewá*

● LUA NOVA

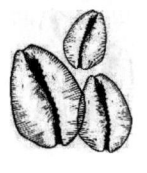

DOMINGO

*Janeiro*

NO DIA DE HOJE, AMANHÃ E SEMPRE, QUE IYEWÁ LHE DÊ A SABEDORIA DAS BOAS ESCOLHAS!

*Ossá*

- 07h
- 08h
- 09h
- 10h
- 11h
- 12h
- 13h
- 14h
- 15h
- 16h
- 17h
- 18h
- 19h

ANOTAÇÕES:

*Odu Ofun* NO ASPECTO *negativo*

<u>ORIXÁ REGENTE:</u> *Oxalá*

● LUA NOVA

*Lua fora de curso: 03/01 às 13:20h até 03/01 às 19:43h*

*Janeiro*

# 03
SEGUNDA

|  | |
|------|--|
| 07h | |
| 08h | |
| 09h | |
| 10h | |
| 11h | |
| 12h | |
| 13h | |
| 14h | |
| 15h | |
| 16h | |
| 17h | |
| 18h | |
| 19h | |

QUE OXALÁ LHE DÊ FORÇA E CORAGEM PARA VENCER!

*Ofun*

ANOTAÇÕES:

# 04

**TERÇA**

*Odu Owarín* NO ASPECTO *negativo*

<u>ORIXÁ REGENTE:</u> *Iansã*

● LUA NOVA

*Lua fora de curso: 04/01 às 21:44h até 05/01 às 21:16h*

*Janeiro*

NO DIA DE HOJE, AMANHÃ E SEMPRE, QUE IANSÃ ABRA OS SEUS CAMINHOS!

*Owarín*

| | |
|---|---|
| | 07h |
| | 08h |
| | 09h |
| | 10h |
| | 11h |
| | 12h |
| | 13h |
| | 14h |
| | 15h |
| | 16h |
| | 17h |
| | 18h |
| | 19h |

ANOTAÇÕES:

*Odu Ejilaxeborá* NO ASPECTO *positivo*

<u>ORIXÁ REGENTE:</u> *Xangô*

● LUA NOVA

*Janeiro*

# 05

QUARTA

07h _____
08h _____
09h _____
10h _____
11h _____
12h _____
13h _____
14h _____
15h _____
16h _____
17h _____
18h _____
19h _____

NO DIA DE HOJE, AMANHÃ E SEMPRE, QUE XANGÔ TRAGA A RENOVAÇÃO EM SUA VIDA!

*Ejilaxeborá*

ANOTAÇÕES:

# 06

**QUINTA**

*Odu Ejiologbon* NO ASPECTO *negativo*

ORIXÁ REGENTE: *Nanã*

● LUA NOVA

*Janeiro*

Dia da Gratidão

SORRIA... UM NOVO SOL RAIOU!
QUE NANÃ ABENÇOE E PROTEJA O SEU DIA!

*Ejiologbon*

| | |
|---|---|
| | 07h |
| | 08h |
| | 09h |
| | 10h |
| | 11h |
| | 12h |
| | 13h |
| | 14h |
| | 15h |
| | 16h |
| | 17h |
| | 18h |
| | 19h |

ANOTAÇÕES:

*Odu Iká* NO ASPECTO *negativo*

ORIXÁ REGENTE: *Iyewá*

● LUA NOVA

Lua fora de curso: 07/01 às 19:23h até 08/01 às 02:25h

*Janeiro*

# 07
## SEXTA

Dia do Leitor

- 07h
- 08h
- 09h
- 10h
- 11h
- 12h
- 13h
- 14h
- 15h
- 16h
- 17h
- 18h
- 19h

NÃO DESISTA! IYEWÁ É QUEM GUIA OS SEUS PASSOS PARA O SUCESSO!

*Iká*

ANOTAÇÕES:

# 08

**SÁBADO**

*Odu Obeogundá* NO ASPECTO *negativo*

<u>ORIXÁ REGENTE:</u> *Obá*

● LUA NOVA

*Lua fora de curso: 07/01 às 19:23h até 08/01 às 02:25h*

*Janeiro*

> MEU MAIOR DESEJO? QUE OBÁ LHE FAÇA CAPAZ DE AGIR E MUDAR O SEU DESTINO!

*Obeogundá*

|  | |
|---|---|
| 07h | |
| 08h | |
| 09h | |
| 10h | |
| 11h | |
| 12h | |
| 13h | |
| 14h | |
| 15h | |
| 16h | |
| 17h | |
| 18h | |
| 19h | |

ANOTAÇÕES:

*Odu Aláfia* no aspecto *positivo*
<u>Orixá Regente:</u> *Orunmilá*

☾ LUA CRESCENTE

# 09

*Janeiro*

DOMINGO

07h _____
08h _____
09h _____
10h _____
11h _____
12h _____
13h _____
14h _____
15h _____
16h _____
17h _____
18h _____
19h _____

APESAR DE TODAS AS INTEMPÉRIES, QUE ORUNMILÁ MULTIPLIQUE SUAS BOAS AÇÕES!

*Aláfia*

ANOTAÇÕES:

# 10

**SEGUNDA**

*Odu Ejionilé* NO ASPECTO *negativo*

<u>ORIXÁ REGENTE:</u> *Oxoguiã*

☾ LUA CRESCENTE

Lua fora de curso: 10/01 às 04:23h
até 10/01 às 11:46h

*Janeiro*

QUE OXOGUIÃ ABRA OS SEUS CAMINHOS PARA A VITÓRIA E A FELICIDADE!

*Ejionilé*

|  | |
|---|---|
| 07h | |
| 08h | |
| 09h | |
| 10h | |
| 11h | |
| 12h | |
| 13h | |
| 14h | |
| 15h | |
| 16h | |
| 17h | |
| 18h | |
| 19h | |

ANOTAÇÕES:

*Odu Ossá* NO ASPECTO *positivo*

<u>ORIXÁ REGENTE:</u> *Obá*

☾ LUA CRESCENTE

*Janeiro*

# 11

TERÇA

| | |
|---|---|
| 07h | _____ |
| 08h | _____ |
| 09h | _____ |
| 10h | _____ |
| 11h | _____ |
| 12h | _____ |
| 13h | _____ |
| 14h | _____ |
| 15h | _____ |
| 16h | _____ |
| 17h | _____ |
| 18h | _____ |
| 19h | _____ |

VOCÊ ESTÁ NO CAMINHO CERTO! QUE OBÁ GUIE SEUS PASSOS E SUAS DECISÕES!

*Ossá*

ANOTAÇÕES:

# 12

**QUARTA**

*Odu Ofun* NO ASPECTO *negativo*

<u>ORIXÁ REGENTE:</u> *Oxalá*

☾ **LUA CRESCENTE**

*Lua fora de curso: 12/01 às 16:38h até 13/01 às 00:08h*

*Janeiro*

QUE NESSE DIA OXALÁ CUBRA SEU LAR COM CONFIANÇA E ALEGRIAS!

*Ofun*

| | |
|---|---|
| | 07h |
| | 08h |
| | 09h |
| | 10h |
| | 11h |
| | 12h |
| | 13h |
| | 14h |
| | 15h |
| | 16h |
| | 17h |
| | 18h |
| | 19h |

ANOTAÇÕES:

*Odu Owarin* NO ASPECTO *positivo*

ORIXÁ REGENTE: *Iansã*

☾ LUA CRESCENTE

*Janeiro*

**13**

QUINTA

07h _____
08h _____
09h _____
10h _____
11h _____
12h _____
13h _____
14h _____
15h _____
16h _____
17h _____
18h _____
19h _____

BONS CAMINHOS, BOAS CONQUISTAS E BOAS COMPANHIAS: IANSÃ LHE PROTEGE!

*Owarin*

ANOTAÇÕES:

# 14

**SEXTA**

*Odu Ejilaxeborá* NO ASPECTO *positivo*

ORIXÁ REGENTE: *Xangô*

☾ **LUA CRESCENTE**

*Lua fora de curso: 14/01 às 23:21h até 15/01 às 13:10h*

*Janeiro*

POR HOJE E SEMPRE, XANGÔ LHE DÊ BONS AMIGOS EM QUEM CONFIAR!

*Ejilaxeborá*

| | |
|---|---|
| | 07h |
| | 08h |
| | 09h |
| | 10h |
| | 11h |
| | 12h |
| | 13h |
| | 14h |
| | 15h |
| | 16h |
| | 17h |
| | 18h |
| | 19h |

ANOTAÇÕES:

*Odu Ojiologbon* NO ASPECTO *negativo*

<u>ORIXÁ REGENTE:</u> *Nanã*

☾ LUA CRESCENTE

*Lua fora de curso: 14/01 às 23:21h até 15/01 às 13:10h*

*Janeiro*

**15**

SÁBADO

07h _____
08h _____
09h _____
10h _____
11h _____
12h _____
13h _____
14h _____
15h _____
16h _____
17h _____
18h _____
19h _____

AGRADEÇA A CADA SEGUNDO E OBSERVE O PODER DE NANÃ TRANSFORMAR SUA VIDA!

*Ojiologbon*

ANOTAÇÕES:

# 16

**DOMINGO**

*Odu Iká* NO ASPECTO *positivo*

ORIXÁ REGENTE: *Iyewá*

☾ LUA CRESCENTE

*Janeiro*

ACALME SEU CORAÇÃO E RECEBA AS BENÇÃOS DE IYEWÁ.... UM NOVO DIA VAI RAIAR!

*Iká*

| | |
|---|---|
| | 07h |
| | 08h |
| | 09h |
| | 10h |
| | 11h |
| | 12h |
| | 13h |
| | 14h |
| | 15h |
| | 16h |
| | 17h |
| | 18h |
| | 19h |

ANOTAÇÕES:

*Odu Obeogundá* NO ASPECTO *positivo*

<u>ORIXÁ REGENTE:</u> *Obá*

# 17

## Janeiro

○ LUA CHEIA

*Lua fora de curso: 17/01 às 20:48h até 18/01 às 01:02h*

## SEGUNDA

|  | |
|---|---|
| 07h | |
| 08h | |
| 09h | |
| 10h | |
| 11h | |
| 12h | |
| 13h | |
| 14h | |
| 15h | |
| 16h | |
| 17h | |
| 18h | |
| 19h | |

**VOCÊ É CAPAZ DE SUPERAR TODOS OS DESAFIOS! CONFIE EM OBÁ!**

*Obeogundá*

ANOTAÇÕES:

# 18
**TERÇA**

*Odu Aláfia* NO ASPECTO *positivo*

<u>ORIXÁ REGENTE:</u> *Orunmilá*

O LUA CHEIA
*Lua fora de curso: 17/01 às 20:48h até 18/01 às 01:02h*

*Janeiro*

POR HOJE, QUE EXU LHE PROVOQUE... E QUE OXALÁ LHE ABENÇOE!

| | |
|---|---|
| _____ | 07h |
| _____ | 08h |
| _____ | 09h |
| _____ | 10h |
| _____ | 11h |
| _____ | 12h |
| _____ | 13h |
| _____ | 14h |
| _____ | 15h |
| _____ | 16h |
| _____ | 17h |
| _____ | 18h |
| _____ | 19h |

*Aláfia*

ANOTAÇÕES:

*Odu Ejiogbê* NO ASPECTO *positivo*

ORIXÁ REGENTE: *Xangô Airá*

O LUA CHEIA

*Janeiro*

# 19
QUARTA

07h _____
08h _____
09h _____
10h _____
11h _____
12h _____
13h _____
14h _____
15h _____
16h _____
17h _____
18h _____
19h _____

POR TODO O DIA, AGRADEÇA A XANGÔ AIRÁ PELAS VITÓRIAS DA VIDA!

*Ejiogbê*

ANOTAÇÕES:

# 20

**QUINTA**

*Odu Ossá* NO ASPECTO *negativo*

<u>ORIXÁ REGENTE:</u> *Iansã*

O LUA CHEIA

*Lua fora de curso: 20/01 às 05:15h até 20/01 às 11:02h*

*Janeiro*

Dia de São Sebastião / Dia dos Caboclos / Dia de Oxóssi

AVANTE! IANSÃ VAI LHE GUIAR NO CAMINHO DA VERDADE!

*Ossá*

| | |
|---|---|
| _____ | 07h |
| _____ | 08h |
| _____ | 09h |
| _____ | 10h |
| _____ | 11h |
| _____ | 12h |
| _____ | 13h |
| _____ | 14h |
| _____ | 15h |
| _____ | 16h |
| _____ | 17h |
| _____ | 18h |
| _____ | 19h |

ANOTAÇÕES:

*Odu Ofun* NO ASPECTO *positivo*

ORIXÁ REGENTE: *Oxalá*

O LUA CHEIA

*Janeiro*

# 21
SEXTA

Dia Mundial das Religiões

POR HOJE E PELOS DIAS QUE VIRÃO, QUE OXALÁ LHE ACOLHA EM SEUS BRAÇOS E ABENÇOE SEU DIA!

*Ofun*

07h
08h
09h
10h
11h
12h
13h
14h
15h
16h
17h
18h
19h

ANOTAÇÕES:

# 22

**SÁBADO**

*Odu Owarín* NO ASPECTO *positivo*

<u>ORIXÁ REGENTE:</u> *Iansã*

O LUA CHEIA
*Lua fora de curso: 22/01 às 16:45h até 22/01 às 19:02h*

*Janeiro*

ENQUANTO HÁ ESPERANÇA, HÁ UM CAMINHO! QUE IANSÃ LHE DÊ FELICIDADE!

*Owarín*

- 07h
- 08h
- 09h
- 10h
- 11h
- 12h
- 13h
- 14h
- 15h
- 16h
- 17h
- 18h
- 19h

ANOTAÇÕES:

*Odu Ejilaxeborá* NO ASPECTO *positivo*

<u>ORIXÁ REGENTE:</u> *Xangô*

O LUA CHEIA

*Janeiro*

**23**

DOMINGO

07h _____
08h _____
09h _____
10h _____
11h _____
12h _____
13h _____
14h _____
15h _____
16h _____
17h _____
18h _____
19h _____

XANGÔ LHE PERMITA AMADURECER COM OS DESAFIOS DO DESTINO!

*Ejilaxeborá*

ANOTAÇÕES:

# 24

**SEGUNDA**

*Odu Ojiologbon* NO ASPECTO *negativo*

<u>ORIXÁ REGENTE:</u> *Nanã*

O LUA CHEIA
Lua fora de curso: 24/01 às 19:09h
até 25/01 às 00:57h

*Janeiro*

> NANÃ LHE PERMITA SEGUIR EM FRENTE, POIS A FELICIDADE ESTÁ CHEGANDO!

*Ojiologbon*

|  |
|---|
| 07h |
| 08h |
| 09h |
| 10h |
| 11h |
| 12h |
| 13h |
| 14h |
| 15h |
| 16h |
| 17h |
| 18h |
| 19h |

ANOTAÇÕES:

*Odu Iká* NO ASPECTO *negativo*

<u>ORIXÁ REGENTE:</u> *Oxumarê*

*Janeiro*

☽ LUA MINGUANTE

*Lua fora de curso: 24/01 às 19:09h até 25/01 às 00:57h*

# 25
TERÇA

| | |
|---|---|
| 07h | _____ |
| 08h | _____ |
| 09h | _____ |
| 10h | _____ |
| 11h | _____ |
| 12h | _____ |
| 13h | _____ |
| 14h | _____ |
| 15h | _____ |
| 16h | _____ |
| 17h | _____ |
| 18h | _____ |
| 19h | _____ |

ABRA O CORAÇÃO E PERMITA QUE OXUMARÊ LHE TRAGA EQUILÍBRIO E SENSATEZ NAS SUAS ESCOLHAS!

*Iká*

ANOTAÇÕES:

# 26

**QUARTA**

*Odu Obeogundá* NO ASPECTO *negativo*

<u>ORIXÁ REGENTE:</u> *Obá*

☾ LUA MINGUANTE

*Janeiro*

ACREDITE NA FORÇA QUE HÁ DENTRO DE VOCÊ! OBÁ ESTÁ NO COMANDO!

*Obeogundá*

|  |
|------|
| 07h |
| 08h |
| 09h |
| 10h |
| 11h |
| 12h |
| 13h |
| 14h |
| 15h |
| 16h |
| 17h |
| 18h |
| 19h |

ANOTAÇÕES:

*Odu Aláfia* NO ASPECTO *positivo*

<u>ORIXÁ REGENTE:</u> *Orunmilá*

☽ LUA MINGUANTE

*Lua fora de curso: 27/01 às 02:24h até 27/01 às 04:34h*

*Janeiro*

**27**

QUINTA

|  | |
|---|---|
| 07h | |
| 08h | |
| 09h | |
| 10h | |
| 11h | |
| 12h | |
| 13h | |
| 14h | |
| 15h | |
| 16h | |
| 17h | |
| 18h | |
| 19h | |

NÃO HÁ CAMINHOS FECHADOS PARA QUEM TEM FÉ! CONFIE EM ORUNMILÁ!

*Aláfia*

ANOTAÇÕES:

# 28

**SEXTA**

*Odu Ejionilé* NO ASPECTO *negativo*

ORIXÁ REGENTE: *Oxoguiã*

☽ LUA MINGUANTE

*Lua fora de curso: 28/01 às 15:59h até 29/01 às 06:08h*

*Janeiro*

RESPIRE FUNDO E CONFIE: OXOGUIÃ TEM UMA VITÓRIA GUARDADA PARA VOCÊ!

*Ejionilé*

| | |
|---|---|
| | 07h |
| | 08h |
| | 09h |
| | 10h |
| | 11h |
| | 12h |
| | 13h |
| | 14h |
| | 15h |
| | 16h |
| | 17h |
| | 18h |
| | 19h |

ANOTAÇÕES:

*Odu Ossá* NO ASPECTO *negativo*

<u>ORIXÁ REGENTE:</u> *Iyewá*

☾ **LUA MINGUANTE**

*Lua fora de curso: 28/01 às 15:59h até 29/01 às 06:08h*

*Janeiro*

**29**

SÁBADO

| | |
|---|---|
| 07h | |
| 08h | |
| 09h | |
| 10h | |
| 11h | |
| 12h | |
| 13h | |
| 14h | |
| 15h | |
| 16h | |
| 17h | |
| 18h | |
| 19h | |

NÃO DESEJE O MAL... DEIXE QUE IYEWÁ LHE PROTEJA DAS MÁS INFLUÊNCIAS!

*Ossá*

ANOTAÇÕES:

# 30

*Odu Ofun* NO ASPECTO *negativo*

<u>ORIXÁ REGENTE:</u> *Oxalá*

☾ LUA MINGUANTE

**DOMINGO**

*Janeiro*

ACEITE SUAS BÊNÇÃOS: QUE OXALÁ LHE PERMITA RENOVAR-SE A CADA MANHÃ!

*Ofun*

- 07h
- 08h
- 09h
- 10h
- 11h
- 12h
- 13h
- 14h
- 15h
- 16h
- 17h
- 18h
- 19h

ANOTAÇÕES:

*Odu Owarin* NO ASPECTO *negativo*

<u>ORIXÁ REGENTE:</u> *Iansã*

☽ LUA MINGUANTE

*Lua fora de curso: 31/01 às 01:43h até 31/01 às 06:42h*

*Janeiro*

# 31
SEGUNDA

|  | |
|---|---|
| 07h | _____ |
| 08h | _____ |
| 09h | _____ |
| 10h | _____ |
| 11h | _____ |
| 12h | _____ |
| 13h | _____ |
| 14h | _____ |
| 15h | _____ |
| 16h | _____ |
| 17h | _____ |
| 18h | _____ |
| 19h | _____ |

FÉ ACIMA DE TUDO E APESAR DE TUDO, IANSÃ É POR VOCÊ!

*Owarin*

ANOTAÇÕES:

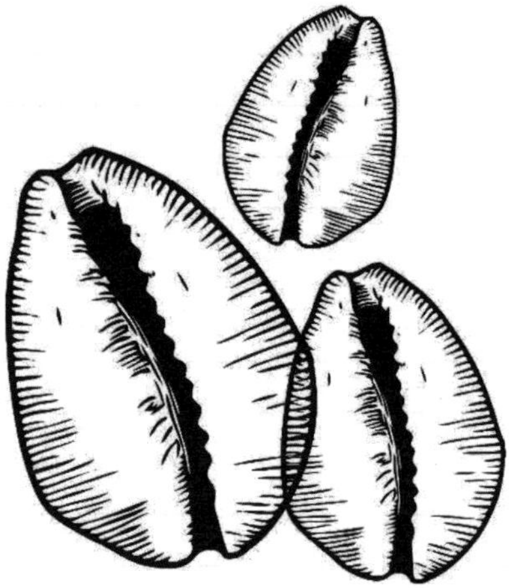

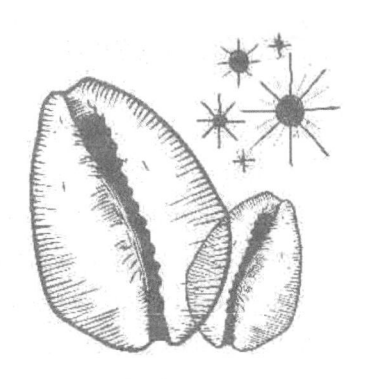

# Fevereiro

## Odu do mês: Ejionilé

A boca fala do que o coração está cheio

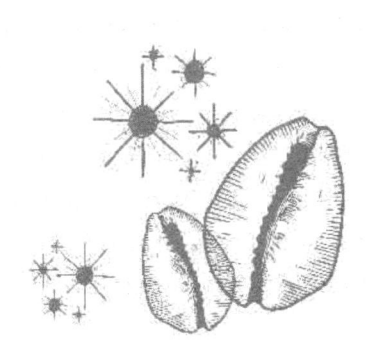

# Previsões para Fevereiro

Sob a regência do Odu Ejionilé, aspecto negativo do Odu Ejiogbê, as confusões de toda ordem, perseguições e traições parecerão potencializadas e intensificadas. Por isso, é preciso ficar atenta às mais discretas nuances nas relações pessoais e profissionais, para evitar ser pega de surpresa pelo lobo em pele de cordeiro – especialmente no que diz respeito a relacionamentos amorosos e às influências externas sobre eles, com falatórios e fofocas que poderão afetar a dinâmica dos casais, trazendo desconfiança e discussões desnecessárias.

Atenção especial e redobrada à comunicação: para entender o que realmente querem nos dizer é preciso ler e ouvir nas entrelinhas, que comunicam muito mais que as palavras ditas. O Odu Ejiogbê/Ejionilé avisa sobre os perigos das mentiras veladas sobre falsas verdades e dos segredos escondidos por detrás de palavras doces. Da mesma maneira, lembre-se que o corpo também fala e transmite sinais que não devem ser ignorados; ao perceber e identificar esses sinais você estará um passo à frente de qualquer situação.

Apesar disso, o mês vem marcado por algumas oportunidades de crescimento financeiro e prosperidade, por isso é fique atenta, pois é hora de arregaçar as mangas e seguir firme nos seus propósitos mesmo quando a realidade parecer dura e desafiadora. Planejamento e estratégia são as palavras-chaves para avançar em direção à conquista dos seus objetivos e, nessas horas, vale o ditado: se a palavra é prata, o silêncio é ouro.

Por ser um mês de contrastes e desequilíbrios energéticos, tome banhos de água com anil ou *waji* às sextas-feiras, da cabeça aos pés. Da mesma maneira, lavar as portas e batentes de casa com esse mesmo banho protegerá seu lar e ambiente de trabalho. Aproveite!

*Odu Ossá* NO ASPECTO *negativo*

<u>Orixá Regente:</u> *Iansã*

● LUA NOVA

*Lua fora de curso: 01/02 às 08:01h até 02/02 às 07:59h*

## Fevereiro

# 01
### TERÇA

|  | |
|---|---|
| 07h | |
| 08h | |
| 09h | |
| 10h | |
| 11h | |
| 12h | |
| 13h | |
| 14h | |
| 15h | |
| 16h | |
| 17h | |
| 18h | |
| 19h | |

NO DIA DE HOJE, AMANHÃ E SEMPRE, QUE IANSÃ ABRA OS SEUS CAMINHOS!

*Ossá*

ANOTAÇÕES:

# 02

**QUARTA**

*Odu Ofun* NO ASPECTO *negativo*

<u>ORIXÁ REGENTE:</u> *Oxalá*

● **LUA NOVA**

*Lua fora de curso: 01/02 às 08:01h até 02/02 às 07:59h*

*Fevereiro*

Dia de Iemanjá

ACEITE SUAS BÊNÇÃOS: QUE OXALÁ LHE PERMITA RENOVAR-SE A CADA MANHÃ!

- 07h
- 08h
- 09h
- 10h
- 11h
- 12h
- 13h
- 14h
- 15h
- 16h
- 17h
- 18h
- 19h

*Ofun*

ANOTAÇÕES:

*Odu Owarin* NO ASPECTO *negativo*

<u>ORIXÁ REGENTE:</u> *Iansã*

● LUA NOVA

*Fevereiro*

# 03

QUINTA

|  | |
|------|---|
| 07h  | |
| 08h  | |
| 09h  | |
| 10h  | |
| 11h  | |
| 12h  | |
| 13h  | |
| 14h  | |
| 15h  | |
| 16h  | |
| 17h  | |
| 18h  | |
| 19h  | |

VOCÊ É CAPAZ DE SUPERAR TODOS OS DESAFIOS! CONFIE EM IANSÃ!

*Owarin*

ANOTAÇÕES:

# 04

**SEXTA**

*Odu Ejilaxeborá* NO ASPECTO *negativo*

<u>ORIXÁ REGENTE:</u> *Xangô*

● LUA NOVA

*Lua fora de curso: 04/02 às 06:40h até 04/02 às 11:56h*

*Fevereiro*

NÃO DESISTA! XANGÔ É QUEM GUIA OS SEUS PASSOS PARA O SUCESSO!

*Ejilaxeborá*

| | |
|---|---|
| | 07h |
| | 08h |
| | 09h |
| | 10h |
| | 11h |
| | 12h |
| | 13h |
| | 14h |
| | 15h |
| | 16h |
| | 17h |
| | 18h |
| | 19h |

ANOTAÇÕES:

*Odu Ojiologbon* NO ASPECTO *negativo*

<u>Orixá Regente:</u> *Nanã*

● LUA NOVA

## 05

*Fevereiro*

SÁBADO

|  | |
|---|---|
| 07h | |
| 08h | |
| 09h | |
| 10h | |
| 11h | |
| 12h | |
| 13h | |
| 14h | |
| 15h | |
| 16h | |
| 17h | |
| 18h | |
| 19h | |

QUE NANÃ LHE DÊ FORÇA E CORAGEM PARA VENCER!

*Ojiologbon*

ANOTAÇÕES:

# 06

**DOMINGO**

*Odu Iká* NO ASPECTO *negativo*

<u>ORIXÁ REGENTE:</u> *Iyewá*

● LUA NOVA

*Lua fora de curso: 06/02 às 14:20h até 06/02 às 19:52h*

*Fevereiro*

NO DIA DE HOJE, AMANHÃ E SEMPRE, QUE IYEWÁ TRAGA A RENOVAÇÃO EM SUA VIDA!

*Iká*

- 07h
- 08h
- 09h
- 10h
- 11h
- 12h
- 13h
- 14h
- 15h
- 16h
- 17h
- 18h
- 19h

ANOTAÇÕES:

*Odu Obeogundá* NO ASPECTO *negativo*

ORIXÁ REGENTE: *Obá*

● LUA NOVA

*Fevereiro*

# 07

SEGUNDA

07h _____
08h _____
09h _____
10h _____
11h _____
12h _____
13h _____
14h _____
15h _____
16h _____
17h _____
18h _____
19h _____

OBÁ LHE PERMITA SEGUIR EM FRENTE, POIS A FELICIDADE ESTÁ CHEGANDO!

*Obeogundá*

ANOTAÇÕES:

# 08

**TERÇA**

*Odu Aláfia* NO ASPECTO *positivo*

<u>ORIXÁ REGENTE:</u> *Orunmilá*

☾ LUA CRESCENTE

*Fevereiro*

AGRADEÇA A CADA SEGUNDO E OBSERVE O PODER DE ORUNMILÁ TRANSFORMAR SUA VIDA!

*Aláfia*

- 07h
- 08h
- 09h
- 10h
- 11h
- 12h
- 13h
- 14h
- 15h
- 16h
- 17h
- 18h
- 19h

ANOTAÇÕES:

*Odu Ejionilé* NO ASPECTO *negativo*

<u>ORIXÁ REGENTE:</u> *Xangô Airá*

☾ LUA CRESCENTE

*Fevereiro*

Lua fora de curso: 09/02 às 01:47h
até 09/02 às 07:26h

# 09
QUARTA

- 07h _____
- 08h _____
- 09h _____
- 10h _____
- 11h _____
- 12h _____
- 13h _____
- 14h _____
- 15h _____
- 16h _____
- 17h _____
- 18h _____
- 19h _____

NÃO DESEJE O MAL... DEIXE QUE XANGÔ AIRÁ LHE PROTEJA DAS MÁS INFLUÊNCIAS!

*Ejionilé*

ANOTAÇÕES:

# 10

*Odu Ossá* NO ASPECTO *positivo*

ORIXÁ REGENTE: *Obá*

☾ LUA CRESCENTE

QUINTA

*Fevereiro*

APESAR DE TODAS AS INTEMPÉRIES, QUE OBÁ MULTIPLIQUE SUAS BOAS AÇÕES!

*Ossá*

- 07h
- 08h
- 09h
- 10h
- 11h
- 12h
- 13h
- 14h
- 15h
- 16h
- 17h
- 18h
- 19h

ANOTAÇÕES:

*Odu Ofun* NO ASPECTO *negativo*

ORIXÁ REGENTE: *Oxalá*

☾ LUA CRESCENTE

*Lua fora de curso: 11/02 às 05:22h até 11/02 às 20:26h*

*Fevereiro*

**11**

SEXTA

07h _____
08h _____
09h _____
10h _____
11h _____
12h _____
13h _____
14h _____
15h _____
16h _____
17h _____
18h _____
19h _____

POR HOJE E PELOS DIAS QUE VIRÃO, QUE OXALÁ LHE ACOLHA EM SEUS BRAÇOS E ABENÇOE SEU DIA!

*Ofun*

ANOTAÇÕES:

# 12

**SÁBADO**

*Odu Owarin* NO ASPECTO *positivo*

<u>ORIXÁ REGENTE:</u> *Iansã*

☾ LUA CRESCENTE

*Fevereiro*

*Sorria... Um novo sol raiou! Que Iansã abençoe e proteja o seu dia!*

*Owarin*

_____ 07h
_____ 08h
_____ 09h
_____ 10h
_____ 11h
_____ 12h
_____ 13h
_____ 14h
_____ 15h
_____ 16h
_____ 17h
_____ 18h
_____ 19h

ANOTAÇÕES:

*Odu Ejilaxeborá* NO ASPECTO *positivo*

<u>ORIXÁ REGENTE:</u> *Xangô*

☾ LUA CRESCENTE

*Fevereiro*

# 13

DOMINGO

07h _____

08h _____

09h _____

10h _____

11h _____

12h _____

13h _____

14h _____

15h _____

16h _____

17h _____

18h _____

19h _____

FÉ ACIMA DE TUDO E APESAR DE TUDO, XANGÔ É POR VOCÊ!

*Ejilaxeborá*

ANOTAÇÕES:

# 14

**SEGUNDA**

*Odu Ojiologbon* NO ASPECTO *positivo*

<u>ORIXÁ REGENTE:</u> *Nanã*

☾ **LUA CRESCENTE**

*Lua fora de curso: 14/02 às 07:26h até 14/02 às 08:17h*

*Fevereiro*

> POR HOJE E SEMPRE, NANÃ LHE DÊ BONS AMIGOS EM QUEM CONFIAR!

*Ojiologbon*

|  |
|------|
| 07h |
| 08h |
| 09h |
| 10h |
| 11h |
| 12h |
| 13h |
| 14h |
| 15h |
| 16h |
| 17h |
| 18h |
| 19h |

**ANOTAÇÕES:**

*Odu Iká* NO ASPECTO *positivo*

ORIXÁ REGENTE: *Iyewá*

☾ LUA CRESCENTE

## Fevereiro

# 15
### TERÇA

|  | |
|---|---|
| 07h | |
| 08h | |
| 09h | |
| 10h | |
| 11h | |
| 12h | |
| 13h | |
| 14h | |
| 15h | |
| 16h | |
| 17h | |
| 18h | |
| 19h | |

ACREDITE NA FORÇA QUE HÁ DENTRO DE VOCÊ! IYEWÁ ESTÁ NO COMANDO!

*Iká*

ANOTAÇÕES:

# 16
**QUARTA**

*Odu Obeogundá* NO ASPECTO *positivo*

<u>ORIXÁ REGENTE:</u> *Obá*

O LUA CHEIA
*Lua fora de curso: 16/02 às 13:56h até 16/02 às 17:42h*

*Fevereiro*

POR TODO O DIA, AGRADEÇA A OBÁ PELAS VITÓRIAS DA VIDA!

*Obeogundá*

|  | |
|---|---|
| 07h | |
| 08h | |
| 09h | |
| 10h | |
| 11h | |
| 12h | |
| 13h | |
| 14h | |
| 15h | |
| 16h | |
| 17h | |
| 18h | |
| 19h | |

ANOTAÇÕES:

*Odu Aláfia* NO ASPECTO *positivo*

<u>ORIXÁ REGENTE:</u> *Orunmilá*

O LUA CHEIA

## Fevereiro

# 17

QUINTA

|  | |
|------|---|
| 07h | |
| 08h | |
| 09h | |
| 10h | |
| 11h | |
| 12h | |
| 13h | |
| 14h | |
| 15h | |
| 16h | |
| 17h | |
| 18h | |
| 19h | |

QUE ORUNMILÁ ABRA OS SEUS CAMINHOS PARA A VITÓRIA E A FELICIDADE!

*Aláfia*

ANOTAÇÕES:

# 18
**SEXTA**

*Odu Ejiogbê* NO ASPECTO *positivo*

<u>ORIXÁ REGENTE:</u> *Oxoguiã*

O LUA CHEIA

*Lua fora de curso: 18/02 às 20:19h até 19/02 às 00:50h*

*Fevereiro*

QUE NESSE DIA OXOGUIÃ CUBRA SEU LAR COM CONFIANÇA E ALEGRIAS!

*Ejiogbê*

- 07h
- 08h
- 09h
- 10h
- 11h
- 12h
- 13h
- 14h
- 15h
- 16h
- 17h
- 18h
- 19h

ANOTAÇÕES:

*Odu Ossá* NO ASPECTO *positivo*

<u>ORIXÁ REGENTE:</u> *Obá*

O LUA CHEIA

*Lua fora de curso: 18/02 às 20:19h até 19/02 às 00:50h*

*Fevereiro*

**19**

SÁBADO

07h
08h
09h
10h
11h
12h
13h
14h
15h
16h
17h
18h
19h

ENQUANTO HÁ ESPERANÇA, HÁ UM CAMINHO! QUE OBÁ LHE DÊ FELICIDADE!

*Ossá*

ANOTAÇÕES:

# 20

**DOMINGO**

*Odu Ofun* NO ASPECTO *positivo*

ORIXÁ REGENTE: *Oxalá*

O LUA CHEIA

*Fevereiro*

FELICIDADE E PROSPERIDADE: ESSAS SÃO AS PROMESSAS DE OXALÁ PARA O SEU DIA!

*Ofun*

| | |
|---|---|
| _____ | 07h |
| _____ | 08h |
| _____ | 09h |
| _____ | 10h |
| _____ | 11h |
| _____ | 12h |
| _____ | 13h |
| _____ | 14h |
| _____ | 15h |
| _____ | 16h |
| _____ | 17h |
| _____ | 18h |
| _____ | 19h |

ANOTAÇÕES:

*Odu Owarin* NO ASPECTO *positivo*

<u>ORIXÁ REGENTE:</u> *Iansã*

O LUA CHEIA
*Lua fora de curso: 21/02 às 02:01h até 21/02 às 06:19h*

*Fevereiro*

# 21
SEGUNDA

07h _____
08h _____
09h _____
10h _____
11h _____
12h _____
13h _____
14h _____
15h _____
16h _____
17h _____
18h _____
19h _____

ABRA O CORAÇÃO E PERMITA QUE IANSÃ LHE TRAGA EQUILÍBRIO E SENSATEZ NAS SUAS ESCOLHAS!

*Owarin*

ANOTAÇÕES:

# 22
**TERÇA**

*Odu Ejilaxeborá* NO ASPECTO *positivo*

<u>ORIXÁ REGENTE:</u> *Xangô*

O LUA CHEIA

*Fevereiro*

**XANGÔ LHE PERMITA AMADURECER COM OS DESAFIOS DO DESTINO!**

*Ejilaxeborá*

_____ 07h
_____ 08h
_____ 09h
_____ 10h
_____ 11h
_____ 12h
_____ 13h
_____ 14h
_____ 15h
_____ 16h
_____ 17h
_____ 18h
_____ 19h

ANOTAÇÕES:

*Odu Ejiologbon* NO ASPECTO *negativo*

<u>ORIXÁ REGENTE:</u> *Nanã*

☾ LUA MINGUANTE

*Lua fora de curso: 23/02 às 06:23h até 23/02 às 10:28h*

*Fevereiro*

# 23
QUARTA

- 07h _____
- 08h _____
- 09h _____
- 10h _____
- 11h _____
- 12h _____
- 13h _____
- 14h _____
- 15h _____
- 16h _____
- 17h _____
- 18h _____
- 19h _____

BONS CAMINHOS, BOAS CONQUISTAS E BOAS COMPANHIAS: NANÃ LHE PROTEGE!

*Ejiologbon*

ANOTAÇÕES:

# 24

**QUINTA**

*Odu Iká* NO ASPECTO *negativo*

<u>ORIXÁ REGENTE:</u> *Iyewá*

☾ LUA MINGUANTE

*Fevereiro*

RESPIRE FUNDO E CONFIE: IYEWÁ TEM UMA VITÓRIA GUARDADA PARA VOCÊ!

*Iká*

| | |
|---|---|
| _____ | 07h |
| _____ | 08h |
| _____ | 09h |
| _____ | 10h |
| _____ | 11h |
| _____ | 12h |
| _____ | 13h |
| _____ | 14h |
| _____ | 15h |
| _____ | 16h |
| _____ | 17h |
| _____ | 18h |
| _____ | 19h |

ANOTAÇÕES:

*Odu Obeogundá* NO ASPECTO *negativo*

ORIXÁ REGENTE: *Obá*

☽ LUA MINGUANTE

*Lua fora de curso: 25/02 às 00:24h até 25/02 às 13:27h*

*Fevereiro*

**25**

SEXTA

- 07h _____
- 08h _____
- 09h _____
- 10h _____
- 11h _____
- 12h _____
- 13h _____
- 14h _____
- 15h _____
- 16h _____
- 17h _____
- 18h _____
- 19h _____

ACALME SEU CORAÇÃO E RECEBA AS BENÇÃOS DE OBÁ.... UM NOVO DIA VAI RAIAR!

*Obeogundá*

ANOTAÇÕES:

# 26

*Odu Aláfia* NO ASPECTO *negativo*

ORIXÁ REGENTE: *Orunmilá*

☾ LUA MINGUANTE

SÁBADO

*Fevereiro*

POR HOJE, QUE EXU LHE PROVOQUE... E QUE OXALÁ LHE ABENÇOE!

*Aláfia*

———————————————————— 07h
———————————————————— 08h
———————————————————— 09h
———————————————————— 10h
———————————————————— 11h
———————————————————— 12h
———————————————————— 13h
———————————————————— 14h
———————————————————— 15h
———————————————————— 16h
———————————————————— 17h
———————————————————— 18h
———————————————————— 19h

ANOTAÇÕES:

*Odu Ejionilé* NO ASPECTO *negativo*

ORIXÁ REGENTE: *Oxoguiã*

☽ LUA MINGUANTE

Lua fora de curso: 27/02 às 11:49h
até 27/02 às 15:35h

*Fevereiro*

# 27
DOMINGO

- 07h _____
- 08h _____
- 09h _____
- 10h _____
- 11h _____
- 12h _____
- 13h _____
- 14h _____
- 15h _____
- 16h _____
- 17h _____
- 18h _____
- 19h _____

AVANTE! OXOGUIÃ VAI LHE GUIAR NO CAMINHO DA VERDADE!

*Ejionilé*

ANOTAÇÕES:

# 28

*Odu Ossá* NO ASPECTO *negativo*

<u>ORIXÁ REGENTE:</u> *Obá*

☾ LUA MINGUANTE

**SEGUNDA**

*Fevereiro*

Carnaval

**NÃO HÁ CAMINHOS FECHADOS PARA QUEM TEM FÉ! CONFIE EM OBÁ!**

*Ossá*

- 07h
- 08h
- 09h
- 10h
- 11h
- 12h
- 13h
- 14h
- 15h
- 16h
- 17h
- 18h
- 19h

ANOTAÇÕES:

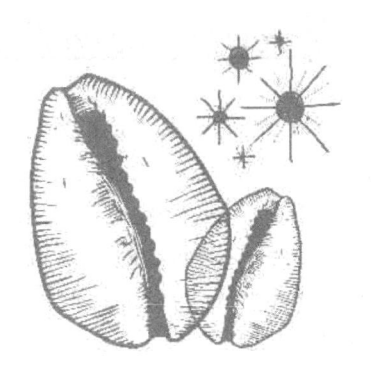

# Março

## Odu do mês: Ossá

*Fogo e paixão correndo nas veias*

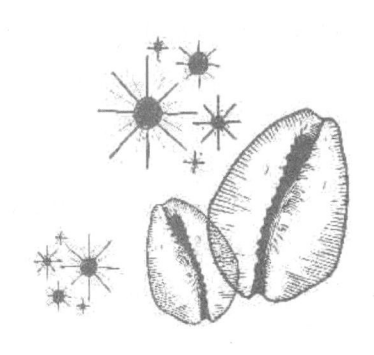

# Previsões para Março

A regência do Odu Ossá chega como a força dos ventos que alimenta o fogo, aquecendo os sentimentos e as emoções por todo o mês. Com isso, este promete ser um mês intenso, trazendo a necessidade de fazer escolhas urgentes a fim de conquistar as oportunidades que por tanto tempo você lutou para alcançar.

Contrastes e tensões no ar trarão à tona questões do passado que você considerava encerradas e os sentimentos estarão à flor da pele. Por isso, muito cuidado para não se deixar levar pela emoção no lugar da razão.

Além disso, o Odu Ossá também desperta as paixões românticas e simbólicas, fazendo com que não existam meios-termos durante este período, no qual tudo - para o bem e para o mal - será levado aos extremos. Por isso, é preciso harmonizar o seu ritmo com o ritmo do Universo ao seu redor, buscando o equilíbrio para que tanta intensidade não ponha fogo no seu mundo. Se isso acontecer, será você mesma quem deverá apagar os incêndios que causou em sua vida.

Com pensamentos e humores confusos, você se sentirá mais irritadiça e ansiosa que o normal. Dessa maneira, que tal fazer meditação ou outra técnica de relaxamento e equilíbrio emocional? Nessas horas, os **Incensos Proteção e Harmonia** podem ser uma excelente escolha!

O amor e a sedução também vão a falar mais alto. Caso seja solteira, há grandes possibilidades de uma amizade se transformar em romance; se o relacionamento já existir, aproveite o bom momento para fortalecer sua união realizando surpresas de amor à pessoa com quem você divide sua intimidade. Para isso você pode contar com os **Incensos Amor e Sedução** pra esquentar a relação. Acesse casaarole.com.br e descubra!

*Odu Ofun* NO ASPECTO *negativo*

<u>ORIXÁ REGENTE:</u> *Oxalá*

☽ LUA MINGUANTE

*Março*

**01**

TERÇA

Carnaval

QUE NESSE DIA OXALÁ CUBRA SEU LAR COM CONFIANÇA E ALEGRIAS!

*Ofun*

- 07h _____
- 08h _____
- 09h _____
- 10h _____
- 11h _____
- 12h _____
- 13h _____
- 14h _____
- 15h _____
- 16h _____
- 17h _____
- 18h _____
- 19h _____

ANOTAÇÕES:

# 02

**QUARTA**

*Odu Owarin* NO ASPECTO *negativo*

<u>ORIXÁ REGENTE:</u> *Iansã*

● LUA NOVA

*Março*

Dia de Cinzas

MEU MAIOR DESEJO? QUE IANSÃ LHE FAÇA CAPAZ DE AGIR E MUDAR O SEU DESTINO!

*Owarin*

| | |
|---|---|
| | 07h |
| | 08h |
| | 09h |
| | 10h |
| | 11h |
| | 12h |
| | 13h |
| | 14h |
| | 15h |
| | 16h |
| | 17h |
| | 18h |
| | 19h |

ANOTAÇÕES:

*Odu Ejilaxeborá* NO ASPECTO *positivo*

ORIXÁ REGENTE: *Xangô*

● LUA NOVA

Lua fora de curso: 03/03 às 18:44h até 03/03 às 21:52h

# 03
## QUINTA

**Março**

|  | |
|---|---|
| 07h | |
| 08h | |
| 09h | |
| 10h | |
| 11h | |
| 12h | |
| 13h | |
| 14h | |
| 15h | |
| 16h | |
| 17h | |
| 18h | |
| 19h | |

POR TODO O DIA, AGRADEÇA A XANGÔ PELAS VITÓRIAS DA VIDA!

*Ejilaxeborá*

ANOTAÇÕES:

# 04

*Odu Ejiologbon* NO ASPECTO *negativo*

ORIXÁ REGENTE: *Nanã*

● LUA NOVA

SEXTA

*Março*

ACREDITE NA FORÇA QUE HÁ DENTRO DE VOCÊ! NANÃ ESTÁ NO COMANDO!

*Ejiologbon*

- 07h
- 08h
- 09h
- 10h
- 11h
- 12h
- 13h
- 14h
- 15h
- 16h
- 17h
- 18h
- 19h

ANOTAÇÕES:

*Odu Iká* NO ASPECTO *positivo*

ORIXÁ REGENTE: *Oxumarê*

● LUA NOVA

# 05

## Março

### SÁBADO

07h _____

08h _____

09h _____

10h _____

11h _____

12h _____

13h _____

14h _____

15h _____

16h _____

17h _____

18h _____

19h _____

POR HOJE, QUE EXU LHE PROVOQUE...
E QUE OXALÁ LHE ABENÇOE!

*Iká*

ANOTAÇÕES:

# 06
**DOMINGO**

*Odu Obeogundá* NO ASPECTO *negativo*

<u>Orixá Regente:</u> *Obá*

● LUA NOVA

*Lua fora de curso: 06/03 às 01:01h até 06/03 às 04:59h*

*Março*

FELICIDADE E PROSPERIDADE: ESSAS SÃO AS PROMESSAS DE OBÁ PARA O SEU DIA!

*Obeogundá*

- 07h
- 08h
- 09h
- 10h
- 11h
- 12h
- 13h
- 14h
- 15h
- 16h
- 17h
- 18h
- 19h

ANOTAÇÕES:

*Odu Aláfia* NO ASPECTO *positivo*

ORIXÁ REGENTE: *Orunmilá*

● LUA NOVA

## Março

# 07

SEGUNDA

07h _____
08h _____
09h _____
10h _____
11h _____
12h _____
13h _____
14h _____
15h _____
16h _____
17h _____
18h _____
19h _____

AVANTE! ORUNMILÁ VAI LHE GUIAR NO CAMINHO DA VERDADE!

*Aláfia*

ANOTAÇÕES:

# 08

**TERÇA**

*Odu Ejìogbê* NO ASPECTO *positivo*

<u>ORIXÁ REGENTE:</u> *Xangô Airá*

● LUA NOVA

Lua fora de curso: 08/03 às 11:34h
até 08/03 às 15:39h

*Março*

Dia Internacional da Mulher

NÃO DESISTA! XANGÔ AIRÁ É QUEM GUIA OS SEUS PASSOS PARA O SUCESSO!

- 07h
- 08h
- 09h
- 10h
- 11h
- 12h
- 13h
- 14h
- 15h
- 16h
- 17h
- 18h
- 19h

*Ejìogbê*

ANOTAÇÕES:

*Odu Ossá* NO ASPECTO *positivo*

ORIXÁ REGENTE: *Iansã*

● LUA NOVA

# 09

## Março

### QUARTA

|  | |
|---|---|
| 07h | |
| 08h | |
| 09h | |
| 10h | |
| 11h | |
| 12h | |
| 13h | |
| 14h | |
| 15h | |
| 16h | |
| 17h | |
| 18h | |
| 19h | |

VOCÊ ESTÁ NO CAMINHO CERTO! QUE IANSÃ GUIE SEUS PASSOS E SUAS DECISÕES!

*Ossá*

ANOTAÇÕES:

# 10

**QUINTA**

*Odu Ofun* NO ASPECTO *negativo*

<u>ORIXÁ REGENTE:</u> *Oxalá*

☾ LUA CRESCENTE

*Lua fora de curso: 10/03 às 13:42h até 11/03 às 04:24h*

*Março*

> NÃO HÁ CAMINHOS FECHADOS PARA QUEM TEM FÉ! CONFIE EM OXALÁ!

*Ofun*

|  |
|---|
| 07h |
| 08h |
| 09h |
| 10h |
| 11h |
| 12h |
| 13h |
| 14h |
| 15h |
| 16h |
| 17h |
| 18h |
| 19h |

ANOTAÇÕES:

*Odu Owarin* NO ASPECTO *positivo*

ORIXÁ REGENTE: *Iansã*

☾ LUA CRESCENTE

*Março*

Lua fora de curso: 10/03 às 13:42h
até 11/03 às 04:24h

**11**

SEXTA

07h _____
08h _____
09h _____
10h _____
11h _____
12h _____
13h _____
14h _____
15h _____
16h _____
17h _____
18h _____
19h _____

ACALME SEU CORAÇÃO E RECEBA AS BENÇÃOS DE IANSÃ... UM NOVO DIA VAI RAIAR!

*Owarin*

ANOTAÇÕES:

# 12

*Odu Ejilaxeborá* NO ASPECTO *positivo*

<u>ORIXÁ REGENTE:</u> *Xangô*

☾ LUA CRESCENTE

**SÁBADO**

*Março*

SORRIA.... UM NOVO SOL RAIOU!
QUE XANGÔ ABENÇOE E PROTEJA O SEU DIA!

*Ejilaxeborá*

- 07h
- 08h
- 09h
- 10h
- 11h
- 12h
- 13h
- 14h
- 15h
- 16h
- 17h
- 18h
- 19h

ANOTAÇÕES:

*Odu Ojiologbon* NO ASPECTO *positivo*

ORIXÁ REGENTE: *Nanã*

☾ LUA CRESCENTE

*Lua fora de curso: 13/03 às 02:44h até 13/03 às 16:31h*

**Março**

**13**

**DOMINGO**

07h _____
08h _____
09h _____
10h _____
11h _____
12h _____
13h _____
14h _____
15h _____
16h _____
17h _____
18h _____
19h _____

ACEITE SUAS BÊNÇÃOS: QUE NANÃ LHE PERMITA RENOVAR-SE A CADA MANHÃ!

*Ojiologbon*

ANOTAÇÕES:

# 14

*Odu Iká* NO ASPECTO *positivo*

ORIXÁ REGENTE: *Oxumarê*

☾ LUA CRESCENTE

SEGUNDA

*Março*

APESAR DE TODAS AS INTEMPÉRIES, QUE OXUMARÊ MULTIPLIQUE SUAS BOAS AÇÕES!

*Iká*

| | |
|---|---|
| _____ | 07h |
| _____ | 08h |
| _____ | 09h |
| _____ | 10h |
| _____ | 11h |
| _____ | 12h |
| _____ | 13h |
| _____ | 14h |
| _____ | 15h |
| _____ | 16h |
| _____ | 17h |
| _____ | 18h |
| _____ | 19h |

ANOTAÇÕES:

*Odu Obegundá* NO ASPECTO *negativo*

<u>ORIXÁ REGENTE:</u> *Obá*

☾ LUA CRESCENTE

*Lua fora de curso: 15/03 às 07:55h até 16/03 às 01:58h*

*Março*

# 15

TERÇA

07h _____
08h _____
09h _____
10h _____
11h _____
12h _____
13h _____
14h _____
15h _____
16h _____
17h _____
18h _____
19h _____

OBÁ LHE PERMITA AMADURECER COM OS DESAFIOS DO DESTINO!

*Obegundá*

ANOTAÇÕES:

# 16
## QUARTA

*Odu Aláfia* NO ASPECTO *positivo*

ORIXÁ REGENTE: *Orunmilá*

☾ LUA CRESCENTE

Lua fora de curso: 15/03 às 07:55h até 16/03 às 01:58h

*Março*

QUE ORUNMILÁ ABRA OS SEUS CAMINHOS PARA A VITÓRIA E A FELICIDADE!

*Aláfia*

- 07h
- 08h
- 09h
- 10h
- 11h
- 12h
- 13h
- 14h
- 15h
- 16h
- 17h
- 18h
- 19h

ANOTAÇÕES:

*Odu Ejiogbê* no aspecto *positivo*

<u>Orixá Regente:</u> *Xangô Airá*

☾ LUA CRESCENTE

# Março

# 17

## QUINTA

- 07h _____
- 08h _____
- 09h _____
- 10h _____
- 11h _____
- 12h _____
- 13h _____
- 14h _____
- 15h _____
- 16h _____
- 17h _____
- 18h _____
- 19h _____

ENQUANTO HÁ ESPERANÇA, HÁ UM CAMINHO! QUE XANGÔ AIRÁ LHE DÊ FELICIDADE!

*Ejiogbê*

ANOTAÇÕES:

# 18
**SEXTA**

*Odu Ossá* NO ASPECTO *positivo*

<u>ORIXÁ REGENTE:</u> *Iansã*

O LUA CHEIA
*Lua fora de curso: 18/03 às 05:11h
até 18/03 às 08:25h*

*Março*

POR HOJE E PELOS DIAS QUE VIRÃO, QUE IANSÃ LHE ACOLHA EM SEUS BRAÇOS E ABENÇOE SEU DIA!

*Ossá*

| | |
|---|---|
| | 07h |
| | 08h |
| | 09h |
| | 10h |
| | 11h |
| | 12h |
| | 13h |
| | 14h |
| | 15h |
| | 16h |
| | 17h |
| | 18h |
| | 19h |

ANOTAÇÕES:

*Odu Ofun* NO ASPECTO *positivo*

<u>ORIXÁ REGENTE:</u> *Oxalá*

O LUA CHEIA

*Março*

# 19
SÁBADO

07h _____
08h _____
09h _____
10h _____
11h _____
12h _____
13h _____
14h _____
15h _____
16h _____
17h _____
18h _____
19h _____

AGRADEÇA A CADA SEGUNDO E OBSERVE O PODER DE OXALÁ TRANSFORMAR SUA VIDA!

*Ofun*

ANOTAÇÕES:

# 20

**DOMINGO**

*Odu Owarín* NO ASPECTO *positivo*

<u>ORIXÁ REGENTE:</u> *Iansã*

O LUA CHEIA

*Lua fora de curso: 20/03 às 09:39h até 20/03 às 12:44h*

*Março*

Início do Outono

**VOCÊ É CAPAZ DE SUPERAR TODOS OS DESAFIOS! CONFIE EM IANSÃ!**

*Owarín*

| | |
|---|---|
| | 07h |
| | 08h |
| | 09h |
| | 10h |
| | 11h |
| | 12h |
| | 13h |
| | 14h |
| | 15h |
| | 16h |
| | 17h |
| | 18h |
| | 19h |

ANOTAÇÕES:

*Odu Ejilaxeborá* NO ASPECTO *positivo*

<u>ORIXÁ REGENTE:</u> *Xangô*

O LUA CHEIA

*Março*

# 21

SEGUNDA

Dia Internacional Contra a Discriminação Racial / Dia Nacional do Candomblé

- 07h
- 08h
- 09h
- 10h
- 11h
- 12h
- 13h
- 14h
- 15h
- 16h
- 17h
- 18h
- 19h

QUE XANGÔ LHE DÊ FORÇA E CORAGEM PARA VENCER!

*Ejilaxeborá*

ANOTAÇÕES:

# 22
**TERÇA**

*Odu Ojiologbon* NO ASPECTO *positivo*

ORIXÁ REGENTE: *Nanã*

O LUA CHEIA
*Lua fora de curso: 22/03 às 13:00h até 22/03 às 15:58h*

*Março*

ABRA O CORAÇÃO E PERMITA QUE NANÃ LHE TRAGA EQUILÍBRIO E SENSATEZ NAS SUAS ESCOLHAS!

*Ojiologbon*

- 07h
- 08h
- 09h
- 10h
- 11h
- 12h
- 13h
- 14h
- 15h
- 16h
- 17h
- 18h
- 19h

ANOTAÇÕES:

*Odu Iká* NO ASPECTO *positivo*

ORIXÁ REGENTE: *Oxumarê*

O LUA CHEIA

# 23

## Março

QUARTA

07h _____
08h _____
09h _____
10h _____
11h _____
12h _____
13h _____
14h _____
15h _____
16h _____
17h _____
18h _____
19h _____

BONS CAMINHOS, BOAS CONQUISTAS E BOAS COMPANHIAS: OXUMARÊ LHE PROTEGE!

*Iká*

ANOTAÇÕES:

# 24

**QUINTA**

*Odu Obeogundá* NO ASPECTO *negativo*

<u>ORIXÁ REGENTE:</u> *Obá*

O LUA CHEIA

*Lua fora de curso: 24/03 às 09:58h até 24/03 às 18:53h*

*Março*

POR HOJE E SEMPRE, OBÁ LHE DÊ BONS AMIGOS EM QUEM CONFIAR!

*Obeogundá*

| | |
|---|---|
| | 07h |
| | 08h |
| | 09h |
| | 10h |
| | 11h |
| | 12h |
| | 13h |
| | 14h |
| | 15h |
| | 16h |
| | 17h |
| | 18h |
| | 19h |

ANOTAÇÕES:

*Odu Aláfia* NO ASPECTO *negativo*

ORIXÁ REGENTE: *Orunmilá*

☽ LUA MINGUANTE

## 25

*Março*

SEXTA

07h _____

08h _____

09h _____

10h _____

11h _____

12h _____

13h _____

14h _____

15h _____

16h _____

17h _____

18h _____

19h _____

NO DIA DE HOJE, AMANHÃ E SEMPRE, QUE ORUNMILÁ ABRA OS SEUS CAMINHOS!

*Aláfia*

ANOTAÇÕES:

# 26

**SÁBADO**

*Odu Ejionilé* NO ASPECTO *negativo*

<u>ORIXÁ REGENTE:</u> *Oxoguiã*

☽ LUA MINGUANTE

*Lua fora de curso: 26/03 às 20:50h até 26/03 às 21:55h*

*Março*

RESPIRE FUNDO E CONFIE: OXOGUIÃ TEM UMA VITÓRIA GUARDADA PARA VOCÊ!

*Ejionilé*

- 07h
- 08h
- 09h
- 10h
- 11h
- 12h
- 13h
- 14h
- 15h
- 16h
- 17h
- 18h
- 19h

ANOTAÇÕES:

*Odu Ossá* NO ASPECTO *negativo*

<u>ORIXÁ REGENTE:</u> *Iansã*

☽ LUA MINGUANTE

*Março*

# 27

DOMINGO

| | |
|---|---|
| 07h | _____ |
| 08h | _____ |
| 09h | _____ |
| 10h | _____ |
| 11h | _____ |
| 12h | _____ |
| 13h | _____ |
| 14h | _____ |
| 15h | _____ |
| 16h | _____ |
| 17h | _____ |
| 18h | _____ |
| 19h | _____ |

NO DIA DE HOJE, AMANHÃ E SEMPRE, QUE IANSÃ TRAGA A RENOVAÇÃO EM SUA VIDA!

*Ossá*

ANOTAÇÕES:

# 28
**SEGUNDA**

*Odu Ofun* NO ASPECTO *negativo*

<u>ORIXÁ REGENTE:</u> *Oxalá*

☽ LUA MINGUANTE
*Lua fora de curso: 28/03 às 11:11h
até 29/03 às 01:31h*

*Março*

OXALÁ LHE PERMITA SEGUIR EM FRENTE, POIS A FELICIDADE ESTÁ CHEGANDO!

*Ofun*

|  |
|---|
| 07h |
| 08h |
| 09h |
| 10h |
| 11h |
| 12h |
| 13h |
| 14h |
| 15h |
| 16h |
| 17h |
| 18h |
| 19h |

ANOTAÇÕES:

*Odu Ejiokô* NO ASPECTO *negativo*

ORIXÁ REGENTE: *Omolu*

☾ LUA MINGUANTE

*Lua fora de curso: 28/03 às 11:11h até 29/03 às 01:31h*

*Março*

# 29
TERÇA

07h _____
08h _____
09h _____
10h _____
11h _____
12h _____
13h _____
14h _____
15h _____
16h _____
17h _____
18h _____
19h _____

NÃO DESEJE O MAL... DEIXE QUE OMOLU LHE PROTEJA DAS MÁS INFLUÊNCIAS!

*Ejiokô*

ANOTAÇÕES:

# 30

**QUARTA**

*Odu Ejilaxeborá* NO ASPECTO *negativo*

<u>ORIXÁ REGENTE:</u> *Xangô*

☾ LUA MINGUANTE

*Março*

NO DIA DE HOJE, QUE XANGÔ LHE DÊ A SABEDORIA DAS BOAS ESCOLHAS!

*Ejilaxeborá*

| | |
|---|---|
| _____ | 07h |
| _____ | 08h |
| _____ | 09h |
| _____ | 10h |
| _____ | 11h |
| _____ | 12h |
| _____ | 13h |
| _____ | 14h |
| _____ | 15h |
| _____ | 16h |
| _____ | 17h |
| _____ | 18h |
| _____ | 19h |

ANOTAÇÕES:

*Odu Ojiologbon* NO ASPECTO *negativo*

<u>ORIXÁ REGENTE:</u> *Nanã*

☽ LUA MINGUANTE

*Lua fora de curso: 31/03 às 03:36h até 31/03 às 06:30h*

*Março*

# 31
QUINTA

07h ___
08h ___
09h ___
10h ___
11h ___
12h ___
13h ___
14h ___
15h ___
16h ___
17h ___
18h ___
19h ___

FÉ ACIMA DE TUDO E APESAR DE TUDO, NANÃ É POR VOCÊ!

*Ojiologbon*

ANOTAÇÕES:

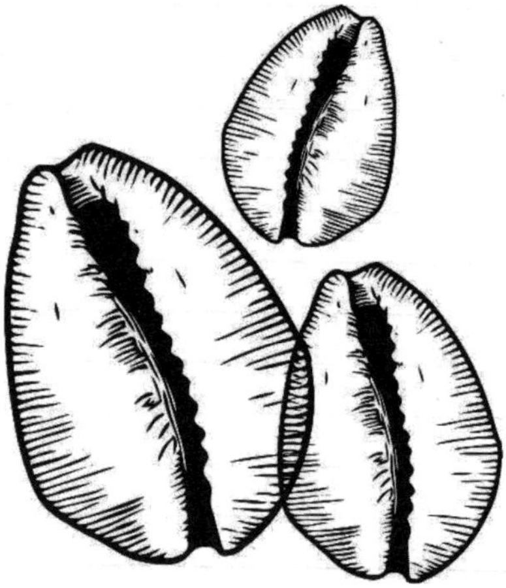

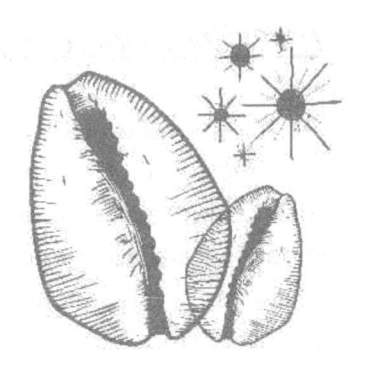

# Abril

## ODU DO MÊS: OFUN

*O tempo é o Senhor da razão*

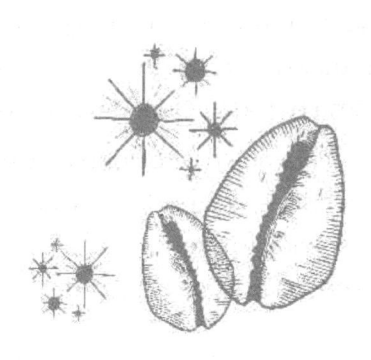

# Previsões para Abril

Sob a regência do Odu Ofun, o mês vem na contramão do ritmo imposto até o momento e você terá a sensação de que os dias custam a passar. Ainda assim, este será um mês de oportunidades para aprender com o que foi vivido anteriormente. Para isso, é chegado o momento de reconhecer que a vida e o Universo têm ciclos próprios, que muitas vezes exigem que desaceleremos o passo para que possamos aproveitar as lições que a vida e o destino têm a ensinar. Insistir em manter o ritmo dos meses anteriores só fará com que você se canse antes de alcançar o seu destino.

É o momento de repensar o passado e aprender com ele para trilhar o futuro de forma confiante e segura. Da mesma forma, as conclusões e decisões sobre o que você viveu nos últimos meses lhe mostrarão que cada coisa tem o seu lugar e que o passado deve, justamente, ficar para trás. Isso significa repensar seus hábitos, seus relacionamentos sociais, sua carreira e tudo o mais que lhe signifiquem, a fim de identificar quais são os aspectos da sua vida que precisam, de forma urgente e definitiva, ser encerrados para dar lugar ao novo.

Se o novo ciclo chega exigindo encerramentos, os meses à frente lhe darão as oportunidades de (re)começar. Ofun é o Odu da eternidade, daquilo que insiste em ser sem ter motivo de continuar, fazendo refletir sobre as necessidades de desapego e de encerramento daquilo que já não faz mais sentido em sua vida. Persistência e insistência são as duas faces de uma mesma moeda... Qual delas você escolherá para si?

Para acalmar os pensamentos e lhe auxiliar nas tomadas de decisões, trazendo a razão à tona, vista roupas brancas às sextas-feiras e pratique o silêncio consciente, evitando todo o tipo de discussões e desordens.

*Odu Owarin* NO ASPECTO *negativo*

ORIXÁ REGENTE: *Iansã*

● LUA NOVA

# Abril

## 01
### SEXTA

07h _____
08h _____
09h _____
10h _____
11h _____
12h _____
13h _____
14h _____
15h _____
16h _____
17h _____
18h _____
19h _____

NO DIA DE HOJE, AMANHÃ E SEMPRE, QUE IANSÃ ABRA OS SEUS CAMINHOS!

*Owarin*

ANOTAÇÕES:

# 02
**SÁBADO**

*Odu Ejilaxeborá* NO ASPECTO *negativo*

<u>ORIXÁ REGENTE:</u> *Xangô*

● LUA NOVA

Lua fora de curso: 02/04 às 10:51h
até 02/04 às 13:50h

*Abril*

QUE NESSE DIA XANGÔ CUBRA SEU LAR COM CONFIANÇA E ALEGRIAS!

*Ejilaxeborá*

| | |
|---|---|
| _____ | 07h |
| _____ | 08h |
| _____ | 09h |
| _____ | 10h |
| _____ | 11h |
| _____ | 12h |
| _____ | 13h |
| _____ | 14h |
| _____ | 15h |
| _____ | 16h |
| _____ | 17h |
| _____ | 18h |
| _____ | 19h |

ANOTAÇÕES:

*Odu Ojiologbon* NO ASPECTO *negativo*

ORIXÁ REGENTE: *Nanã*

● LUA NOVA

*Abril*

# 03

DOMINGO

07h _____
08h _____
09h _____
10h _____
11h _____
12h _____
13h _____
14h _____
15h _____
16h _____
17h _____
18h _____
19h _____

VOCÊ É CAPAZ DE SUPERAR TODOS OS DESAFIOS! CONFIE EM NANÃ!

*Ojiologbon*

ANOTAÇÕES:

# 04

**SEGUNDA**

*Odu Iká* NO ASPECTO *positivo*

<u>ORIXÁ REGENTE:</u> *Oxumarê*

● LUA NOVA

*Lua fora de curso: 04/04 às 22:52h até 05/04 às 00:04h*

*Abril*

Dia de São Benedito / Dia de Ossain

ACEITE SUAS BÊNÇÃOS: QUE OXUMARÊ LHE PERMITA RENOVAR-SE A CADA MANHÃ!

*Iká*

|  | |
|---|---|
| 07h | |
| 08h | |
| 09h | |
| 10h | |
| 11h | |
| 12h | |
| 13h | |
| 14h | |
| 15h | |
| 16h | |
| 17h | |
| 18h | |
| 19h | |

ANOTAÇÕES:

*Odu Obeogundá* NO ASPECTO *negativo*

<u>ORIXÁ REGENTE:</u> *Obá*

● LUA NOVA

*Lua fora de curso: 04/04 às 22:52h até 05/04 às 00:04h*

## Abril

# 05

**TERÇA**

- 07h _____
- 08h _____
- 09h _____
- 10h _____
- 11h _____
- 12h _____
- 13h _____
- 14h _____
- 15h _____
- 16h _____
- 17h _____
- 18h _____
- 19h _____

OBÁ LHE PERMITA SEGUIR EM FRENTE, POIS A FELICIDADE ESTÁ CHEGANDO!

*Obeogundá*

ANOTAÇÕES:

# 06

**QUARTA**

*Odu Aláfia* NO ASPECTO *positivo*

<u>ORIXÁ REGENTE:</u> *Orunmilá*

● LUA NOVA

*Abril*

FELICIDADE E PROSPERIDADE: ESSAS SÃO AS PROMESSAS DE ORUNMILÁ PARA O SEU DIA!

*Aláfia*

- 07h
- 08h
- 09h
- 10h
- 11h
- 12h
- 13h
- 14h
- 15h
- 16h
- 17h
- 18h
- 19h

ANOTAÇÕES:

*Odu Ejionilé* NO ASPECTO *negativo*

ORIXÁ REGENTE: *Oxoguiã*

● LUA NOVA

*Lua fora de curso: 07/04 às 00:14h até 07/04 às 12:30h*

*Abril*

# 07
QUINTA

- 07h _____
- 08h _____
- 09h _____
- 10h _____
- 11h _____
- 12h _____
- 13h _____
- 14h _____
- 15h _____
- 16h _____
- 17h _____
- 18h _____
- 19h _____

ACREDITE NA FORÇA QUE HÁ DENTRO DE VOCÊ! OXOGUIÃ ESTÁ NO COMANDO!

*Ejionilé*

ANOTAÇÕES:

# 08

**SEXTA**

*Odu Ossá* NO ASPECTO *negativo*

<u>ORIXÁ REGENTE:</u> *Iyewá*

● LUA NOVA

*Abril*

*Por hoje, que Exu lhe provoque... e que Oxalá lhe abençoe!*

*Ossá*

|  | |
|---|---|
| 07h | |
| 08h | |
| 09h | |
| 10h | |
| 11h | |
| 12h | |
| 13h | |
| 14h | |
| 15h | |
| 16h | |
| 17h | |
| 18h | |
| 19h | |

ANOTAÇÕES:

*Odu Ofun* NO ASPECTO *positivo*

<u>ORIXÁ REGENTE:</u> *Oxalá*

☾ LUA CRESCENTE

*Lua fora de curso: 09/04 às 22:01h até 10/04 às 00:59h*

*Abril*

# 09
SÁBADO

|  | |
|---|---|
| 07h | _____ |
| 08h | _____ |
| 09h | _____ |
| 10h | _____ |
| 11h | _____ |
| 12h | _____ |
| 13h | _____ |
| 14h | _____ |
| 15h | _____ |
| 16h | _____ |
| 17h | _____ |
| 18h | _____ |
| 19h | _____ |

NO DIA DE HOJE, AMANHÃ E SEMPRE, QUE OXALÁ TRAGA A RENOVAÇÃO EM SUA VIDA!

*Ofun*

ANOTAÇÕES:

# 10

**DOMINGO**

*Odu Owarin* NO ASPECTO *positivo*

<u>ORIXÁ REGENTE:</u> *Iansã*

☾ LUA CRESCENTE

*Lua fora de curso: 09/04 às 22:01h até 10/04 às 00:59h*

*Abril*

ABRA O CORAÇÃO E PERMITA QUE IANSÃ LHE TRAGA EQUILÍBRIO E SENSATEZ NAS SUAS ESCOLHAS!

*Owarin*

- 07h
- 08h
- 09h
- 10h
- 11h
- 12h
- 13h
- 14h
- 15h
- 16h
- 17h
- 18h
- 19h

ANOTAÇÕES:

*Odu Ejilaxeborá* NO ASPECTO *positivo*

<u>ORIXÁ REGENTE:</u> *Xangô*

☾ LUA CRESCENTE

*Abril*

# 11

SEGUNDA

07h _____
08h _____
09h _____
10h _____
11h _____
12h _____
13h _____
14h _____
15h _____
16h _____
17h _____
18h _____
19h _____

SORRIA.... UM NOVO SOL RAIOU!
QUE XANGÔ ABENÇOE E PROTEJA O SEU DIA!

*Ejilaxeborá*

ANOTAÇÕES:

# 12
**TERÇA**

*Odu Ojiologbon* NO ASPECTO *positivo*

<u>ORIXÁ REGENTE:</u> *Nanã*

☾ LUA CRESCENTE

*Lua fora de curso: 12/04 às 07:16h até 12/04 às 11:07h*

*Abril*

ENQUANTO HÁ ESPERANÇA, HÁ UM CAMINHO! QUE NANÃ LHE DÊ FELICIDADE!

*Ojiologbon*

- 07h
- 08h
- 09h
- 10h
- 11h
- 12h
- 13h
- 14h
- 15h
- 16h
- 17h
- 18h
- 19h

ANOTAÇÕES:

*Odu Iká* NO ASPECTO *positivo*

<u>ORIXÁ REGENTE:</u> *Iyewá*

☾ LUA CRESCENTE

*Abril*

# 13

QUARTA

| | |
|---|---|
| 07h | |
| 08h | |
| 09h | |
| 10h | |
| 11h | |
| 12h | |
| 13h | |
| 14h | |
| 15h | |
| 16h | |
| 17h | |
| 18h | |
| 19h | |

AGRADEÇA A CADA SEGUNDO E OBSERVE O PODER DE IYEWÁ TRANSFORMAR SUA VIDA!

*Iká*

ANOTAÇÕES:

# 14
**QUINTA**

*Odu Obeogundá* NO ASPECTO *positivo*

ORIXÁ REGENTE: *Obá*

☾ LUA CRESCENTE
Lua fora de curso: 14/04 às 15:11h
até 14/04 às 17:45h

*Abril*

APESAR DE TODAS AS INTEMPÉRIES, QUE OBÁ MULTIPLIQUE SUAS BOAS AÇÕES!

*Obeogundá*

| | |
|---|---|
| _____ | 07h |
| _____ | 08h |
| _____ | 09h |
| _____ | 10h |
| _____ | 11h |
| _____ | 12h |
| _____ | 13h |
| _____ | 14h |
| _____ | 15h |
| _____ | 16h |
| _____ | 17h |
| _____ | 18h |
| _____ | 19h |

ANOTAÇÕES:

*Odu Aláfia* NO ASPECTO *positivo*

ORIXÁ REGENTE: *Orunmilá*

☾ LUA CRESCENTE

*Abril*

# 15

SEXTA

Paixão de Cristo

07h _____
08h _____
09h _____
10h _____
11h _____
12h _____
13h _____
14h _____
15h _____
16h _____
17h _____
18h _____
19h _____

ACALME SEU CORAÇÃO E RECEBA AS BENÇÃOS DE ORUNMILÁ... UM NOVO DIA VAI RAIAR!

*Aláfia*

ANOTAÇÕES:

# 16
## SÁBADO

*Odu Ejiogbê* NO ASPECTO *positivo*

ORIXÁ REGENTE: *Xangô Airá*

O LUA CHEIA
*Lua fora de curso: 16/04 às 18:56h até 16/04 às 21:22h*

*Abril*

Sábado de Aleluia

RESPIRE FUNDO E CONFIE: XANGÔ AIRÁ TEM UMA VITÓRIA GUARDADA PARA VOCÊ!

*Ejiogbê*

|  |
|---|
| 07h |
| 08h |
| 09h |
| 10h |
| 11h |
| 12h |
| 13h |
| 14h |
| 15h |
| 16h |
| 17h |
| 18h |
| 19h |

ANOTAÇÕES:

*Odu Ossá* NO ASPECTO *positivo*

<u>ORIXÁ REGENTE:</u> *Obá*

O LUA CHEIA

*Abril*

# 17

DOMINGO

Páscoa

| | |
|---|---|
| 07h | |
| 08h | |
| 09h | |
| 10h | |
| 11h | |
| 12h | |
| 13h | |
| 14h | |
| 15h | |
| 16h | |
| 17h | |
| 18h | |
| 19h | |

POR TODO O DIA, AGRADEÇA A OBÁ PELAS VITÓRIAS DA VIDA!

*Ossá*

ANOTAÇÕES:

# 18
## SEGUNDA

*Odu Ofun* NO ASPECTO *positivo*

ORIXÁ REGENTE: *Oxalá*

O LUA CHEIA

*Lua fora de curso: 18/04 às 20:54h até 18/04 às 23:16h*

*Abril*

Dia Nacional do Livro Infantil

NÃO DESEJE O MAL... DEIXE QUE OXALÁ LHE PROTEJA DAS MÁS INFLUÊNCIAS!

*Ofun*

| | |
|---|---|
| | 07h |
| | 08h |
| | 09h |
| | 10h |
| | 11h |
| | 12h |
| | 13h |
| | 14h |
| | 15h |
| | 16h |
| | 17h |
| | 18h |
| | 19h |

ANOTAÇÕES:

*Odu Ejiokô* NO ASPECTO *positivo*

<u>ORIXÁ REGENTE:</u> *Omolu*

O LUA CHEIA

*Abril*

# 19

TERÇA

Dia da Diversidade Indígena / Dia de Santo Expedito / Dia de Logunedé

07h _____
08h _____
09h _____
10h _____
11h _____
12h _____
13h _____
14h _____
15h _____
16h _____
17h _____
18h _____
19h _____

POR HOJE E PELOS DIAS QUE VIRÃO, QUE OMOLU LHE ACOLHA EM SEUS BRAÇOS E ABENÇOE SEU DIA!

*Ejiokô*

ANOTAÇÕES:

# 20
**QUARTA**

*Odu Ejilaxeborá* NO ASPECTO *negativo*

<u>ORIXÁ REGENTE:</u> *Xangô*

## O LUA CHEIA
Lua fora de curso: 20/04 às 17:55h
até 21/04 às 00:52h

*Abril*

> POR HOJE E SEMPRE, XANGÔ LHE DÊ BONS AMIGOS EM QUEM CONFIAR!

*Ejilaxeborá*

|  |
|---|
| 07h |
| 08h |
| 09h |
| 10h |
| 11h |
| 12h |
| 13h |
| 14h |
| 15h |
| 16h |
| 17h |
| 18h |
| 19h |

ANOTAÇÕES:

*Odu Ojiologbon* NO ASPECTO *positivo*

<u>ORIXÁ REGENTE:</u> *Nanã*

O LUA CHEIA

*Lua fora de curso: 20/04 às 17:55h até 21/04 às 00:52h*

*Abril*

# 21
## QUINTA

Tiradentes

07h _____

08h _____

09h _____

10h _____

11h _____

12h _____

13h _____

14h _____

15h _____

16h _____

17h _____

18h _____

19h _____

QUE NANÃ LHE DÊ FORÇA E CORAGEM PARA VENCER!

*Ojiologbon*

ANOTAÇÕES:

# 22

**SEXTA**

*Odu Iká* NO ASPECTO *positivo*

<u>ORIXÁ REGENTE:</u> *Oxumarê*

○ LUA CHEIA

*Abril*

Dia da terra

VOCÊ ESTÁ NO CAMINHO CERTO! QUE OXUMARÊ GUIE SEUS PASSOS E SUAS DECISÕES!

*Iká*

| | |
|---|---|
| | 07h |
| | 08h |
| | 09h |
| | 10h |
| | 11h |
| | 12h |
| | 13h |
| | 14h |
| | 15h |
| | 16h |
| | 17h |
| | 18h |
| | 19h |

ANOTAÇÕES:

*Odu Obeogundá* NO ASPECTO *negativo*

<u>ORIXÁ REGENTE:</u> *Obá*

☽ **LUA MINGUANTE**

*Lua fora de curso: 23/04 às 00:52h até 23/04 às 02:17h*

*Abril*

# 23

SÁBADO

Dia de São Jorge / Dia de Ogum / Dia Mundial do Livro

07h _____

08h _____

09h _____

10h _____

11h _____

12h _____

13h _____

14h _____

15h _____

16h _____

17h _____

18h _____

19h _____

QUE OBÁ ABRA OS SEUS CAMINHOS PARA A VITÓRIA E A FELICIDADE!

*Obeogundá*

ANOTAÇÕES:

# 24

**DOMINGO**

*Odu Aláfia* NO ASPECTO *negativo*

<u>ORIXÁ REGENTE:</u> *Orunmilá*

☾ LUA MINGUANTE
*Lua fora de curso: 24/04 às 21:33h até 25/04 às 07:14h*

*Abril*

AVANTE! ORUNMILÁ VAI LHE GUIAR NO CAMINHO DA VERDADE!

*Aláfia*

| | |
|---|---|
| _____ | 07h |
| _____ | 08h |
| _____ | 09h |
| _____ | 10h |
| _____ | 11h |
| _____ | 12h |
| _____ | 13h |
| _____ | 14h |
| _____ | 15h |
| _____ | 16h |
| _____ | 17h |
| _____ | 18h |
| _____ | 19h |

ANOTAÇÕES:

*Odu Ejionilé* NO ASPECTO *negativo*

<u>ORIXÁ REGENTE:</u> *Oxoguiã*

☽ **LUA MINGUANTE**

*Lua fora de curso: 24/04 às 21:33h até 25/04 às 07:14h*

*Abril*

# 25
SEGUNDA

- 07h _____
- 08h _____
- 09h _____
- 10h _____
- 11h _____
- 12h _____
- 13h _____
- 14h _____
- 15h _____
- 16h _____
- 17h _____
- 18h _____
- 19h _____

**NÃO HÁ CAMINHOS FECHADOS PARA QUEM TEM FÉ! CONFIE EM OXOGUIÃ!**

*Ejionilé*

ANOTAÇÕES:

# 26

**TERÇA**

*Odu Ossá* NO ASPECTO *negativo*

ORIXÁ REGENTE: *Obá*

☾ LUA MINGUANTE

*Abril*

FÉ ACIMA DE TUDO E APESAR DE TUDO, OBÁ É POR VOCÊ!

*Ossá*

|  | |
|---|---|
| 07h | |
| 08h | |
| 09h | |
| 10h | |
| 11h | |
| 12h | |
| 13h | |
| 14h | |
| 15h | |
| 16h | |
| 17h | |
| 18h | |
| 19h | |

ANOTAÇÕES:

## Abril

*Odu Ofun* NO ASPECTO *negativo*

<u>ORIXÁ REGENTE:</u> *Oxalá*

☽ LUA MINGUANTE

*Lua fora de curso: 27/04 às 10:35h até 27/04 às 13:09h*

# 27
QUARTA

- 07h _____
- 08h _____
- 09h _____
- 10h _____
- 11h _____
- 12h _____
- 13h _____
- 14h _____
- 15h _____
- 16h _____
- 17h _____
- 18h _____
- 19h _____

BONS CAMINHOS, BOAS CONQUISTAS E BOAS COMPANHIAS: OXALÁ LHE PROTEGE!

*Ofun*

ANOTAÇÕES:

# 28

**QUINTA**

*Odu Ejiokô* NO ASPECTO *negativo*

<u>ORIXÁ REGENTE:</u> *Omolu*

☾ LUA MINGUANTE

*Abril*

NO DIA DE HOJE, AMANHÃ E SEMPRE, QUE OMOLU LHE DÊ A SABEDORIA DAS BOAS ESCOLHAS!

*Ejiokô*

- 07h
- 08h
- 09h
- 10h
- 11h
- 12h
- 13h
- 14h
- 15h
- 16h
- 17h
- 18h
- 19h

ANOTAÇÕES:

*Abril*

*Odu Ogundá* NO ASPECTO *negativo*

ORIXÁ REGENTE: *Ogum*

☽ LUA MINGUANTE

*Lua fora de curso: 29/04 às 18:38h até 29/04 às 21:18h*

# 29
SEXTA

07h _____
08h _____
09h _____
10h _____
11h _____
12h _____
13h _____
14h _____
15h _____
16h _____
17h _____
18h _____
19h _____

MEU MAIOR DESEJO? QUE OGUM LHE FAÇA CAPAZ DE AGIR E MUDAR O SEU DESTINO!

*Ogundá*

ANOTAÇÕES:

# 30

**SÁBADO**

*Odu Ojiologbon* NO ASPECTO *negativo*

<u>ORIXÁ REGENTE:</u> *Nanã*

● LUA NOVA

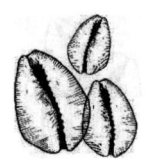

*Abril*

NÃO DESISTA! NANÃ É QUEM GUIA OS SEUS PASSOS PARA O SUCESSO!

*Ojiologbon*

| | |
|---|---|
| _____ | 07h |
| _____ | 08h |
| _____ | 09h |
| _____ | 10h |
| _____ | 11h |
| _____ | 12h |
| _____ | 13h |
| _____ | 14h |
| _____ | 15h |
| _____ | 16h |
| _____ | 17h |
| _____ | 18h |
| _____ | 19h |

ANOTAÇÕES:

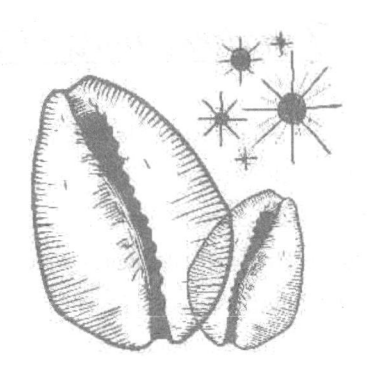

# Maio

## Odu do mês: Owarin

*Caminhos solitários não trazem discórdias*

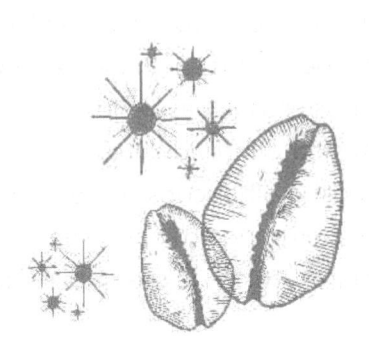

# Previsões para Maio

O mês chega sob a regência do Odu Owarin, anunciando um período propício à realização de grandes planos, o auxílio de terceiros para a conquista dos seus objetivos e a tomada de decisões importantes que levarão a bons resultados no correr dos próximos meses. Com isso, é chegado o momento de agir, traçando um plano de ação e organizando-se para cumpri-lo com afinco e dedicação.

Entretanto, sob a influência dos Orixás Exu e Iansã, é preciso cuidado com os aspectos negativos deste Odu, que alerta para perigos de acidentes inesperados. Por esse motivo, é importante reforçar os cuidados nas ruas, especialmente à noite, e nas discussões e brigas; se tiver viagens a fazer, o conselho é que adiá-las para o próximo mês. Da mesma maneira, é importante observar que a influência negativa deste Odu pode trazer desequilíbrio aos seus relacionamentos pessoais, profissionais e amorosos pela presença de rivais que se escondem sobre a figura de gentis (des)conhecidos e das disputas de poder. Ao perceber os menores sinais de que algo ou alguém parece querer aquilo que é seu, **busque as orientações do Jogo de Búzios** para determinar a maneira correta de ofertar os Orixás e afastar as ameaças dos seus caminhos.

Acima de tudo, exercite o poder de "*dizer não*", fazendo valer as suas vontades acima de todas as outras. A principal maneira de atrair e consolidar as bênçãos desse Odu é reconhecer que apesar dos melhores sentimentos em relação às pessoas ao nosso redor, nascemos e morremos sozinhos. Nossa jornada pela vida é individual e, especialmente nesse mês, você deve praticar o olhar consciente sobre aquilo que é prioridade para você, deixando um pouco de lado os desejos e necessidades de terceiros. Cuide de si e sinta o Universo retribuir esse cuidado.

*Odu Ejilaxeborá* NO ASPECTO *positivo*

ORIXÁ REGENTE: *Xangô*

● LUA NOVA

*Maio*

# 01

DOMINGO

Dia do Trabalho / Dia da Literatura Brasileira

- 07h _____
- 08h _____
- 09h _____
- 10h _____
- 11h _____
- 12h _____
- 13h _____
- 14h _____
- 15h _____
- 16h _____
- 17h _____
- 18h _____
- 19h _____

POR HOJE E SEMPRE, XANGÔ LHE DÊ BONS AMIGOS EM QUEM CONFIAR!

*Ejilaxeborá*

ANOTAÇÕES:

# 02

**Odu Ojiologbon** NO ASPECTO *negativo*

<u>ORIXÁ REGENTE:</u> *Nanã*

● LUA NOVA

SEGUNDA

*Maio*

NANÃ LHE PERMITA SEGUIR EM FRENTE, POIS A FELICIDADE ESTÁ CHEGANDO!

*Ojiologbon*

|  | |
|---|---|
| 07h | |
| 08h | |
| 09h | |
| 10h | |
| 11h | |
| 12h | |
| 13h | |
| 14h | |
| 15h | |
| 16h | |
| 17h | |
| 18h | |
| 19h | |

ANOTAÇÕES:

*Odu Iká* NO ASPECTO *positivo*

<u>ORIXÁ REGENTE:</u> *Iyewá*

● LUA NOVA

*Maio*

# 03

TERÇA

07h _____
08h _____
09h _____
10h _____
11h _____
12h _____
13h _____
14h _____
15h _____
16h _____
17h _____
18h _____
19h _____

APESAR DE TODAS AS INTEMPÉRIES, QUE IYEWÁ MULTIPLIQUE SUAS BOAS AÇÕES!

*Iká*

ANOTAÇÕES:

# 04
**QUARTA**

*Odu Obeogundá* NO ASPECTO *negativo*

<u>ORIXÁ REGENTE:</u> *Obá*

● LUA NOVA

*Lua fora de curso: 04/05 às 17:36h até 04/05 às 20:05h*

*Maio*

QUE NESSE DIA OBÁ CUBRA SEU LAR COM CONFIANÇA E ALEGRIAS!

*Obeogundá*

- 07h
- 08h
- 09h
- 10h
- 11h
- 12h
- 13h
- 14h
- 15h
- 16h
- 17h
- 18h
- 19h

ANOTAÇÕES:

*Odu Aláfia* NO ASPECTO *positivo*

<u>ORIXÁ REGENTE:</u> *Orunmilá*

● LUA NOVA

# 05

*Maio* — QUINTA

|  | |
|---|---|
| 07h | |
| 08h | |
| 09h | |
| 10h | |
| 11h | |
| 12h | |
| 13h | |
| 14h | |
| 15h | |
| 16h | |
| 17h | |
| 18h | |
| 19h | |

*QUE ORUNMILÁ LHE DÊ FORÇA E CORAGEM PARA VENCER!*

*Aláfia*

ANOTAÇÕES:

# 06

*Odu Ejiogbê* NO ASPECTO *positivo*

<u>ORIXÁ REGENTE:</u> *Oxoguiã*

● LUA NOVA

**SEXTA**

*Maio*

BONS CAMINHOS, BOAS CONQUISTAS E BOAS COMPANHIAS: OXOGUIÃ LHE PROTEGE!

*Ejiogbê*

| | |
|---|---|
| | 07h |
| | 08h |
| | 09h |
| | 10h |
| | 11h |
| | 12h |
| | 13h |
| | 14h |
| | 15h |
| | 16h |
| | 17h |
| | 18h |
| | 19h |

ANOTAÇÕES:

*Odu Ossá* NO ASPECTO *negativo*

ORIXÁ REGENTE: *Obá*

● LUA NOVA

*Lua fora de curso: 07/05 às 07:25h até 07/05 às 08:49h*

# 07

*Maio*

SÁBADO

- 07h _____
- 08h _____
- 09h _____
- 10h _____
- 11h _____
- 12h _____
- 13h _____
- 14h _____
- 15h _____
- 16h _____
- 17h _____
- 18h _____
- 19h _____

NÃO HÁ CAMINHOS FECHADOS PARA QUEM TEM FÉ! CONFIE EM OBÁ!

*Ossá*

ANOTAÇÕES:

# 08

*Odu Ofun* NO ASPECTO *positivo*

<u>ORIXÁ REGENTE:</u> *Oxalá*

☾ LUA CRESCENTE

**DOMINGO**  *Maio*

Dia das Mães

> VOCÊ ESTÁ NO CAMINHO CERTO! QUE OXALÁ GUIE SEUS PASSOS E SUAS DECISÕES!

*Ofun*

- 07h
- 08h
- 09h
- 10h
- 11h
- 12h
- 13h
- 14h
- 15h
- 16h
- 17h
- 18h
- 19h

ANOTAÇÕES:

*Odu Ejiokô* NO ASPECTO *negativo*

ORIXÁ REGENTE: *Exu*

☾ LUA CRESCENTE

*Lua fora de curso: 09/05 às 09:38h até 09/05 às 19:53h*

*Maio*

# 09
SEGUNDA

07h _____
08h _____
09h _____
10h _____
11h _____
12h _____
13h _____
14h _____
15h _____
16h _____
17h _____
18h _____
19h _____

FELICIDADE E PROSPERIDADE: ESSAS SÃO AS PROMESSAS DE EXU PARA O SEU DIA!

*Ejiokô*

ANOTAÇÕES:

# 10

*Odu Ejilaxeborá* NO ASPECTO *positivo*

<u>ORIXÁ REGENTE:</u> *Xangô*

☾ LUA CRESCENTE

**TERÇA**

*Maio*

**NÃO DESISTA! XANGÔ É QUEM GUIA OS SEUS PASSOS PARA O SUCESSO!**

*Ejilaxeborá*

- 07h
- 08h
- 09h
- 10h
- 11h
- 12h
- 13h
- 14h
- 15h
- 16h
- 17h
- 18h
- 19h

ANOTAÇÕES:

*Odu Ójíólogbon* NO ASPECTO *negativo*

ORIXÁ REGENTE: *Nanã*

☽ LUA CRESCENTE

*Maio*

**11**

QUARTA

07h _____
08h _____
09h _____
10h _____
11h _____
12h _____
13h _____
14h _____
15h _____
16h _____
17h _____
18h _____
19h _____

NÃO DESEJE O MAL... DEIXE QUE NANÃ LHE PROTEJA DAS MÁS INFLUÊNCIAS!

*Ójíólogbon*

ANOTAÇÕES:

# 12
**QUINTA**

*Odu Iká* NO ASPECTO *negativo*

<u>ORIXÁ REGENTE:</u> *Iyewá*

☾ **LUA CRESCENTE**

*Lua fora de curso: 12/05 às 00:59h até 12/05 às 03:34h*

*Maio*

IYEWÁ LHE PERMITA AMADURECER COM OS DESAFIOS DO DESTINO!

*Iká*

| | |
|---|---|
| | 07h |
| | 08h |
| | 09h |
| | 10h |
| | 11h |
| | 12h |
| | 13h |
| | 14h |
| | 15h |
| | 16h |
| | 17h |
| | 18h |
| | 19h |

ANOTAÇÕES:

*Odu Obeogundá* NO ASPECTO *positivo*

<u>ORIXÁ REGENTE:</u> *Obá*

☾ LUA CRESCENTE

*Maio*

# 13

SEXTA

Abolição da escravatura / Dia de Pretos Velhos

07h _____
08h _____
09h _____
10h _____
11h _____
12h _____
13h _____
14h _____
15h _____
16h _____
17h _____
18h _____
19h _____

NO DIA DE HOJE, AMANHÃ E SEMPRE, QUE OBÁ LHE DÊ A SABEDORIA DAS BOAS ESCOLHAS!

*Obeogundá*

ANOTAÇÕES:

# 14

**SÁBADO**

*Odu Aláfia* NO ASPECTO *negativo*

<u>ORIXÁ REGENTE:</u> *Orunmilá*

☾ LUA CRESCENTE

*Lua fora de curso: 14/05 às 05:07h até 14/05 às 07:33h*

*Maio*

ENQUANTO HÁ ESPERANÇA, HÁ UM CAMINHO! QUE ORUNMILÁ LHE DÊ FELICIDADE!

*Aláfia*

- 07h
- 08h
- 09h
- 10h
- 11h
- 12h
- 13h
- 14h
- 15h
- 16h
- 17h
- 18h
- 19h

ANOTAÇÕES:

*Odu Ejiogbê* NO ASPECTO *positivo*

<u>ORIXÁ REGENTE:</u> *Xangô Airá*

☾ LUA CRESCENTE

*Maio*

# 15

DOMINGO

Dia Internacional da Família

- 07h _____
- 08h _____
- 09h _____
- 10h _____
- 11h _____
- 12h _____
- 13h _____
- 14h _____
- 15h _____
- 16h _____
- 17h _____
- 18h _____
- 19h _____

NO DIA DE HOJE, AMANHÃ E SEMPRE, QUE XANGÔ AIRÁ TRAGA A RENOVAÇÃO EM SUA VIDA!

*Ejiogbê*

ANOTAÇÕES:

# 16

**SEGUNDA**

*Odu Ossá* NO ASPECTO *negativo*

<u>ORIXÁ REGENTE:</u> *Iansã*

O LUA CHEIA
*Lua fora de curso: 16/05 às 06:28h até 16/05 às 08:50h*

*Maio*

FÉ ACIMA DE TUDO E APESAR DE TUDO, IANSÃ É POR VOCÊ!

*Ossá*

| | |
|---|---|
| _____ | 07h |
| _____ | 08h |
| _____ | 09h |
| _____ | 10h |
| _____ | 11h |
| _____ | 12h |
| _____ | 13h |
| _____ | 14h |
| _____ | 15h |
| _____ | 16h |
| _____ | 17h |
| _____ | 18h |
| _____ | 19h |

ANOTAÇÕES:

*Odu Ofun* NO ASPECTO *positivo*

<u>ORIXÁ REGENTE:</u> *Oxalá*

O LUA CHEIA

*Maio*

# 17
## TERÇA

07h _____
08h _____
09h _____
10h _____
11h _____
12h _____
13h _____
14h _____
15h _____
16h _____
17h _____
18h _____
19h _____

AVANTE! OXALÁ VAI LHE GUIAR NO CAMINHO DA VERDADE!

*Ofun*

ANOTAÇÕES:

# 18
## QUARTA

*Odu Ejiokô* NO ASPECTO *negativo*

<u>ORIXÁ REGENTE:</u> *Exu*

O LUA CHEIA
Lua fora de curso: 18/05 às 00:59h
até 18/05 às 09:01h

*Maio*

QUE EXU ABRA OS SEUS CAMINHOS PARA A VITÓRIA E A FELICIDADE!

*Ejiokô*

_____ 07h
_____ 08h
_____ 09h
_____ 10h
_____ 11h
_____ 12h
_____ 13h
_____ 14h
_____ 15h
_____ 16h
_____ 17h
_____ 18h
_____ 19h

ANOTAÇÕES:

*Odu Ogundá* NO ASPECTO *positivo*

ORIXÁ REGENTE: *Ogum*

O LUA CHEIA

*Maio*

# 19

QUINTA

- 07h _____
- 08h _____
- 09h _____
- 10h _____
- 11h _____
- 12h _____
- 13h _____
- 14h _____
- 15h _____
- 16h _____
- 17h _____
- 18h _____
- 19h _____

ABRA O CORAÇÃO E PERMITA QUE OGUM LHE TRAGA EQUILÍBRIO E SENSATEZ NAS SUAS ESCOLHAS!

*Ogundá*

ANOTAÇÕES:

# 20
**SEXTA**

*Odu Ojiologbon* NO ASPECTO *positivo*

<u>ORIXÁ REGENTE:</u> *Nanã*

O LUA CHEIA

*Lua fora de curso: 20/05 às 08:59h até 20/05 às 09:52h*

*Maio*

NO DIA DE HOJE, AMANHÃ E SEMPRE, QUE NANÃ ABRA OS SEUS CAMINHOS!

*Ojiologbon*

- 07h
- 08h
- 09h
- 10h
- 11h
- 12h
- 13h
- 14h
- 15h
- 16h
- 17h
- 18h
- 19h

ANOTAÇÕES:

*Odu Iká* NO ASPECTO *positivo*

<u>ORIXÁ REGENTE:</u> *Oxumarê*

O LUA CHEIA

*Maio*

# 21
SÁBADO

|  | |
|---|---|
| 07h | _____ |
| 08h | _____ |
| 09h | _____ |
| 10h | _____ |
| 11h | _____ |
| 12h | _____ |
| 13h | _____ |
| 14h | _____ |
| 15h | _____ |
| 16h | _____ |
| 17h | _____ |
| 18h | _____ |
| 19h | _____ |

POR HOJE, QUE EXU LHE PROVOQUE... E QUE OXALÁ LHE ABENÇOE!

*Iká*

ANOTAÇÕES:

# 22

**DOMINGO**

*Odu Obeogundá* NO ASPECTO *negativo*

<u>ORIXÁ REGENTE:</u> *Obá*

☽ LUA MINGUANTE

*Lua fora de curso: 22/05 às 04:19h até 22/05 às 12:49h*

*Maio*

Por hoje e pelos dias que virão, que Obá lhe acolha em seus braços e abençoe seu dia!

*Obeogundá*

- _____ 07h
- _____ 08h
- _____ 09h
- _____ 10h
- _____ 11h
- _____ 12h
- _____ 13h
- _____ 14h
- _____ 15h
- _____ 16h
- _____ 17h
- _____ 18h
- _____ 19h

ANOTAÇÕES:

*Odu Aláfia* NO ASPECTO *negativo*

ORIXÁ REGENTE: *Orunmilá*

☾ LUA MINGUANTE

*Maio*

# 23

## SEGUNDA

07h _____
08h _____
09h _____
10h _____
11h _____
12h _____
13h _____
14h _____
15h _____
16h _____
17h _____
18h _____
19h _____

AGRADEÇA A CADA SEGUNDO E OBSERVE O PODER DE ORUNMILÁ TRANSFORMAR SUA VIDA!

*Aláfia*

ANOTAÇÕES:

# 24

**TERÇA**

*Odu Ejionilé* NO ASPECTO *negativo*

<u>ORIXÁ REGENTE:</u> *Xangô Airá*

☾ LUA MINGUANTE

*Lua fora de curso: 24/05 às 18:33h até 24/05 às 18:39h*

*Maio*

Dia da Santa Sarah Kali

VOCÊ É CAPAZ DE SUPERAR TODOS OS DESAFIOS! CONFIE EM XANGÔ AIRÁ!

*Ejionilé*

- 07h
- 08h
- 09h
- 10h
- 11h
- 12h
- 13h
- 14h
- 15h
- 16h
- 17h
- 18h
- 19h

ANOTAÇÕES:

*Odu Ossá* NO ASPECTO *negativo*

<u>ORIXÁ REGENTE:</u> *Obá*

☽ LUA MINGUANTE

*Maio*

**25**

QUARTA

Dia da África / Dia Internacional da Adoção

07h _____

08h _____

09h _____

10h _____

11h _____

12h _____

13h _____

14h _____

15h _____

16h _____

17h _____

18h _____

19h _____

POR TODO O DIA, AGRADEÇA A OBÁ PELAS VITÓRIAS DA VIDA!

*Ossá*

ANOTAÇÕES:

# 26

**QUINTA**

*Odu Ofun* NO ASPECTO *negativo*

<u>ORIXÁ REGENTE:</u> *Oxalá*

☾ LUA MINGUANTE

*Maio*

ACALME SEU CORAÇÃO E RECEBA AS BENÇÃOS DE OXALÁ... UM NOVO DIA VAI RAIAR!

*Ofun*

| | |
|---|---|
| | 07h |
| | 08h |
| | 09h |
| | 10h |
| | 11h |
| | 12h |
| | 13h |
| | 14h |
| | 15h |
| | 16h |
| | 17h |
| | 18h |
| | 19h |

ANOTAÇÕES:

*Odu Ejiokô* NO ASPECTO *negativo*

ORIXÁ REGENTE: *Ibeji*

☽ LUA MINGUANTE

*Lua fora de curso: 27/05 às 00:20h até 27/05 às 03:22h*

*Maio*

# 27
SEXTA

|  | |
|---|---|
| 07h | |
| 08h | |
| 09h | |
| 10h | |
| 11h | |
| 12h | |
| 13h | |
| 14h | |
| 15h | |
| 16h | |
| 17h | |
| 18h | |
| 19h | |

RESPIRE FUNDO E CONFIE: IBEJI TEM UMA VITÓRIA GUARDADA PARA VOCÊ!

*Ejiokô*

ANOTAÇÕES:

# 28

*Odu Ogundá* NO ASPECTO *negativo*

<u>ORIXÁ REGENTE:</u> *Ogum*

☾ LUA MINGUANTE

**SÁBADO**

*Maio*

ACREDITE NA FORÇA QUE HÁ DENTRO DE VOCÊ! OGUM ESTÁ NO COMANDO!

*Ogundá*

|  | |
|---|---|
| 07h | |
| 08h | |
| 09h | |
| 10h | |
| 11h | |
| 12h | |
| 13h | |
| 14h | |
| 15h | |
| 16h | |
| 17h | |
| 18h | |
| 19h | |

ANOTAÇÕES:

*Maio*

*Odu Zorossun* NO ASPECTO *negativo*

<u>ORIXÁ REGENTE:</u> *Iemanjá*

☾ LUA MINGUANTE

*Lua fora de curso: 29/05 às 11:10h até 29/05 às 14:22h*

# 29
DOMINGO

- 07h _____
- 08h _____
- 09h _____
- 10h _____
- 11h _____
- 12h _____
- 13h _____
- 14h _____
- 15h _____
- 16h _____
- 17h _____
- 18h _____
- 19h _____

SORRIA... UM NOVO SOL RAIOU! QUE IEMANJÁ ABENÇOE E PROTEJA O SEU DIA!

*Zorossun*

ANOTAÇÕES:

# 30

*Odu Iká* NO ASPECTO *positivo*

ORIXÁ REGENTE: *Iyewá*

● LUA NOVA

## SEGUNDA

*Maio*

Dia de Santa Joana d'Arc / Dia de Obá

MEU MAIOR DESEJO? QUE IYEWÁ LHE FAÇA CAPAZ DE AGIR E MUDAR O SEU DESTINO!

*Iká*

- 07h
- 08h
- 09h
- 10h
- 11h
- 12h
- 13h
- 14h
- 15h
- 16h
- 17h
- 18h
- 19h

ANOTAÇÕES:

## Maio

**Odu Obegundá** NO ASPECTO *negativo*

ORIXÁ REGENTE: *Obá*

● LUA NOVA

*Lua fora de curso: 31/05 às 17:10h até 01/06 às 02:48h*

# 31
## TERÇA

- 07h _____
- 08h _____
- 09h _____
- 10h _____
- 11h _____
- 12h _____
- 13h _____
- 14h _____
- 15h _____
- 16h _____
- 17h _____
- 18h _____
- 19h _____

ACEITE SUAS BÊNÇÃOS: QUE OBÁ LHE PERMITA RENOVAR-SE A CADA MANHÃ!

*Obegundá*

ANOTAÇÕES:

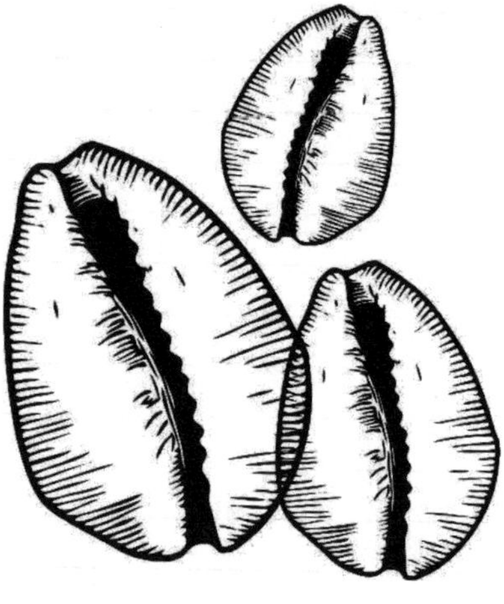

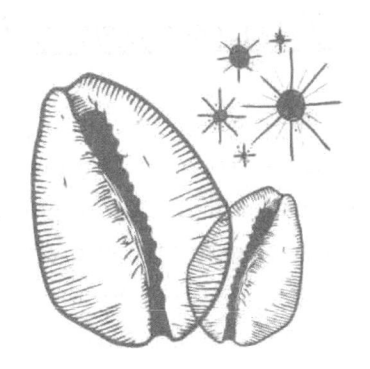

# Junho

## Odu do mês: Ejilaxeborá

*Na balança da vida, o que pesa é a verdade*

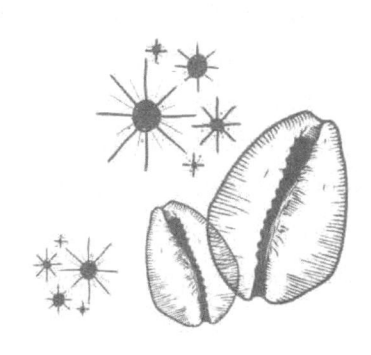

# Previsões para Junho

Este promete ser um mês de festejos e comemorações intensas até das menores coisas, pela regência do Odu Ejilaxeborá e forte influência dos Orixás Xangô e Ibeji – senhores da alegria. Toda essa comemoração não vem sem motivos: muitas das situações que até então lhe traziam desespero e preocupações chegarão ao fim e você as superará em definitivo, exigindo para isso muito esforço que, apesar de tudo, será recompensador. Verdade e justiça são as palavras-chave desse período.

Se estiver de olho naquela pessoa especial e em dúvidas de dar o próximo passo, é chegada a hora; se já estiver em um relacionamento, que tal esquentar a relação? Em ambos os casos, a sensualidade estará em alta, portanto aproveite os momentos para renovar os afetos e deliciar-se com os prazeres da vida. Que tal preparar um jantar especial ou uma noite à dois com quem você ama? Pra te ajudar com isso, a **Casa Arole** tem uma linha exclusiva de **incensos, velas e aromatizadores de ambiente preparados especialmente para atrair o amor e a sedução** - confira em casaarole.com.br.

As alegrias e prazeres do mês, porém, lhe fazem sonhar e, com isso, você pode acabar esquecendo das malícias do mundo real, por isso cuidado com as associações e parcerias comerciais e profissionais. Você será chamada a tomar decisões sobre questões que não lhe dizem respeito diretamente, mas pelas quais você pode ser responsabilizada no futuro. Por esse motivo, especialmente ao lidar com documentos e papéis durante esse mês, redobre a atenção e leia com cautela cada detalhe. Caso necessário, busque auxílio profissional de advogados ou profissionais necessários para orientá-la.

Por todo o mês lembre-se do ditado: "*tudo lhe é permitido, mas nem tudo lhe convém*". Equilíbrio é a chave.

## Junho

*Odu Ojíologbon* NO ASPECTO *negativo*

<u>ORIXÁ REGENTE:</u> *Nanã*

● LUA NOVA

*Lua fora de curso: 31/05 às 17:10h até 01/06 às 02:48h*

# 01
## QUARTA

|  | |
|---|---|
| 07h | |
| 08h | |
| 09h | |
| 10h | |
| 11h | |
| 12h | |
| 13h | |
| 14h | |
| 15h | |
| 16h | |
| 17h | |
| 18h | |
| 19h | |

NO DIA DE HOJE, AMANHÃ E SEMPRE, QUE NANÃ TRAGA A RENOVAÇÃO EM SUA VIDA!

*Ojíologbon*

ANOTAÇÕES:

# 02

**QUINTA**

*Odu Iká* NO ASPECTO *positivo*

<u>ORIXÁ REGENTE:</u> *Oxumarê*

● LUA NOVA

*Junho*

*AGRADEÇA A CADA SEGUNDO E OBSERVE O PODER DE OXUMARÊ TRANSFORMAR SUA VIDA!*

*Iká*

- 07h
- 08h
- 09h
- 10h
- 11h
- 12h
- 13h
- 14h
- 15h
- 16h
- 17h
- 18h
- 19h

ANOTAÇÕES:

*Odu Obeogundá* NO ASPECTO *negativo*

<u>ORIXÁ REGENTE:</u> *Obá*

● LUA NOVA

*Lua fora de curso: 03/06 às 12:14h até 03/06 às 15:37h*

*Junho*

# 03
SEXTA

- 07h _____
- 08h _____
- 09h _____
- 10h _____
- 11h _____
- 12h _____
- 13h _____
- 14h _____
- 15h _____
- 16h _____
- 17h _____
- 18h _____
- 19h _____

POR HOJE E SEMPRE, OBÁ LHE DÊ BONS AMIGOS EM QUEM CONFIAR!

*Obeogundá*

ANOTAÇÕES:

# 04

*Odu Aláfia* NO ASPECTO *positivo*

<u>ORIXÁ REGENTE:</u> *Orunmilá*

● LUA NOVA

SÁBADO

*Junho*

QUE NESSE DIA ORUNMILÁ CUBRA SEU LAR COM CONFIANÇA E ALEGRIAS!

*Aláfia*

- 07h
- 08h
- 09h
- 10h
- 11h
- 12h
- 13h
- 14h
- 15h
- 16h
- 17h
- 18h
- 19h

ANOTAÇÕES:

*Odu Ejionilé* NO ASPECTO *negativo*

ORIXÁ REGENTE: *Oxoguiã*

● LUA NOVA

*Junho*

Lua fora de curso: *05/06 às 20:12h até 06/06 às 03:21h*

# 05

DOMINGO

Dia Mundial do Meio Ambiente e da Ecologia

07h _____
08h _____
09h _____
10h _____
11h _____
12h _____
13h _____
14h _____
15h _____
16h _____
17h _____
18h _____
19h _____

OXOGUIÃ LHE PERMITA SEGUIR EM FRENTE, POIS A FELICIDADE ESTÁ CHEGANDO!

*Ejionilé*

ANOTAÇÕES:

# 06
**SEGUNDA**

*Odu Ossá* NO ASPECTO *negativo*

<u>ORIXÁ REGENTE:</u> *Iyewá*

● LUA NOVA

*Lua fora de curso: 05/06 às 20:12h até 06/06 às 03:21h*

*Junho*

Dia de Celebração ao Odu Obará

*ENQUANTO HÁ ESPERANÇA, HÁ UM CAMINHO! QUE IYEWÁ LHE DÊ FELICIDADE!*

*Ossá*

- 07h
- 08h
- 09h
- 10h
- 11h
- 12h
- 13h
- 14h
- 15h
- 16h
- 17h
- 18h
- 19h

ANOTAÇÕES:

*Odu Ofun* NO ASPECTO *positivo*

ORIXÁ REGENTE: *Oxalá*

☾ LUA CRESCENTE

*Junho*

# 07

TERÇA

07h _____
08h _____
09h _____
10h _____
11h _____
12h _____
13h _____
14h _____
15h _____
16h _____
17h _____
18h _____
19h _____

NÃO HÁ CAMINHOS FECHADOS PARA QUEM TEM FÉ! CONFIE EM OXALÁ!

*Ofun*

ANOTAÇÕES:

# 08
## QUARTA

*Odu Ejiokô* NO ASPECTO *positivo*

ORIXÁ REGENTE: *Omolu*

☾ LUA CRESCENTE

*Lua fora de curso: 08/06 às 09:08h até 08/06 às 12:22h*

*Junho*

NO DIA DE HOJE, AMANHÃ E SEMPRE, QUE OMOLU LHE DÊ A SABEDORIA DAS BOAS ESCOLHAS!

*Ejiokô*

- 07h
- 08h
- 09h
- 10h
- 11h
- 12h
- 13h
- 14h
- 15h
- 16h
- 17h
- 18h
- 19h

ANOTAÇÕES:

*Odu Ogundá* NO ASPECTO *positivo*

<u>ORIXÁ REGENTE:</u> *Ogum*

☾ LUA CRESCENTE

*Junho*

# 09

QUINTA

07h
08h
09h
10h
11h
12h
13h
14h
15h
16h
17h
18h
19h

POR HOJE E PELOS DIAS QUE VIRÃO, QUE OGUM LHE ACOLHA EM SEUS BRAÇOS E ABENÇOE SEU DIA!

*Ogundá*

ANOTAÇÕES:

# 10

**SEXTA**

*Odu Ojiologbon* NO ASPECTO *negativo*

<u>ORIXÁ REGENTE:</u> *Nanã*

☾ LUA CRESCENTE

*Lua fora de curso: 10/06 às 14:36h até 10/06 às 17:41h*

*Junho*

| | |
|---|---|
| _____ | 07h |
| _____ | 08h |
| _____ | 09h |
| _____ | 10h |
| _____ | 11h |
| _____ | 12h |
| _____ | 13h |
| _____ | 14h |
| _____ | 15h |
| _____ | 16h |
| _____ | 17h |
| _____ | 18h |
| _____ | 19h |

*VOCÊ É CAPAZ DE SUPERAR TODOS OS DESAFIOS! CONFIE EM NANÃ!*

*Ojiologbon*

ANOTAÇÕES:

*Odu Iká* NO ASPECTO *positivo*

ORIXÁ REGENTE: *Oxumarê*

☾ LUA CRESCENTE

*Junho*

**11**

SÁBADO

07h _____
08h _____
09h _____
10h _____
11h _____
12h _____
13h _____
14h _____
15h _____
16h _____
17h _____
18h _____
19h _____

NÃO DESEJE O MAL... DEIXE QUE OXUMARÊ LHE PROTEJA DAS MÁS INFLUÊNCIAS!

*Iká*

ANOTAÇÕES:

# 12
**DOMINGO**

*Odu Obeogundá* NO ASPECTO *positivo*

<u>ORIXÁ REGENTE:</u> *Obá*

☾ LUA CRESCENTE
*Lua fora de curso: 12/06 às 18:39h até 12/06 às 19:31h*

*Junho*

Dia dos Namorados

**OBÁ LHE PERMITA AMADURECER COM OS DESAFIOS DO DESTINO!**

*Obeogundá*

| | |
|---|---|
| _____ | 07h |
| _____ | 08h |
| _____ | 09h |
| _____ | 10h |
| _____ | 11h |
| _____ | 12h |
| _____ | 13h |
| _____ | 14h |
| _____ | 15h |
| _____ | 16h |
| _____ | 17h |
| _____ | 18h |
| _____ | 19h |

ANOTAÇÕES:

*Odu Aláfia* NO ASPECTO *positivo*

ORIXÁ REGENTE: *Orunmilá*

☾ LUA CRESCENTE

*Junho*

**13**

SEGUNDA

Dia de Santo Antônio / Dia do Orixá Exu

07h _____
08h _____
09h _____
10h _____
11h _____
12h _____
13h _____
14h _____
15h _____
16h _____
17h _____
18h _____
19h _____

VOCÊ ESTÁ NO CAMINHO CERTO! QUE ORUNMILÁ GUIE SEUS PASSOS E SUAS DECISÕES!

*Aláfia*

ANOTAÇÕES:

# 14
**TERÇA**

*Odu Ejionilé* NO ASPECTO *negativo*

<u>ORIXÁ REGENTE:</u> *Oxoguiã*

O LUA CHEIA
*Lua fora de curso: 14/06 às 11:58h até 14/06 às 19:13h*

*Junho*

ABRA O CORAÇÃO E PERMITA QUE OXOGUIÃ LHE TRAGA EQUILÍBRIO E SENSATEZ NAS SUAS ESCOLHAS!

*Ejionilé*

- 07h
- 08h
- 09h
- 10h
- 11h
- 12h
- 13h
- 14h
- 15h
- 16h
- 17h
- 18h
- 19h

ANOTAÇÕES:

*Odu Ossá* NO ASPECTO *positivo*

<u>ORIXÁ REGENTE:</u> *Obá*

O LUA CHEIA

*Junho*

# 15

QUARTA

07h _____
08h _____
09h _____
10h _____
11h _____
12h _____
13h _____
14h _____
15h _____
16h _____
17h _____
18h _____
19h _____

FELICIDADE E PROSPERIDADE: ESSAS SÃO AS PROMESSAS DE OBÁ PARA O SEU DIA!

*Ossá*

ANOTAÇÕES:

# 16

**QUINTA**

*Odu Ofun* NO ASPECTO *negativo*

<u>ORIXÁ REGENTE:</u> *Oxalá*

O LUA CHEIA

*Lua fora de curso: 16/06 às 15:41h até 16/06 às 18:44h*

*Junho*

Corpus Christi / Dia de Oxóssi / Dia da Criança Africana

POR TODO O DIA, AGRADEÇA A OXALÁ PELAS VITÓRIAS DA VIDA!

*Ofun*

| | |
|---|---|
| | 07h |
| | 08h |
| | 09h |
| | 10h |
| | 11h |
| | 12h |
| | 13h |
| | 14h |
| | 15h |
| | 16h |
| | 17h |
| | 18h |
| | 19h |

ANOTAÇÕES:

*Odu Ejíokô* no aspecto *positivo*

ORIXÁ REGENTE: *Ogum*

O LUA CHEIA

*Junho*

# 17

SEXTA

07h _____
08h _____
09h _____
10h _____
11h _____
12h _____
13h _____
14h _____
15h _____
16h _____
17h _____
18h _____
19h _____

APESAR DE TODAS AS INTEMPÉRIES, QUE OGUM MULTIPLIQUE SUAS BOAS AÇÕES!

*Ejíokô*

ANOTAÇÕES:

# 18
**SÁBADO**

*Odu Ogundá* NO ASPECTO *positivo*

ORIXÁ REGENTE: *Ogum*

O LUA CHEIA
*Lua fora de curso: 18/06 às 15:50h até 18/06 às 20:01h*

*Junho*

NO DIA DE HOJE, AMANHÃ E SEMPRE, QUE OGUM ABRA OS SEUS CAMINHOS!

*Ogundá*

| | |
|---|---|
| | 07h |
| | 08h |
| | 09h |
| | 10h |
| | 11h |
| | 12h |
| | 13h |
| | 14h |
| | 15h |
| | 16h |
| | 17h |
| | 18h |
| | 19h |

ANOTAÇÕES:

*Odu Iorossun* NO ASPECTO *positivo*

**ORIXÁ REGENTE:** *Iemanjá*

O LUA CHEIA

# 19

## Junho
## DOMINGO

- 07h _____
- 08h _____
- 09h _____
- 10h _____
- 11h _____
- 12h _____
- 13h _____
- 14h _____
- 15h _____
- 16h _____
- 17h _____
- 18h _____
- 19h _____

POR HOJE, QUE EXU LHE PROVOQUE... E QUE OXALÁ LHE ABENÇOE!

*Iorossun*

ANOTAÇÕES:

# 20

**SEGUNDA**

*Odu Iká* NO ASPECTO *positivo*

<u>ORIXÁ REGENTE:</u> *Iyewá*

O LUA CHEIA

*Junho*

ACEITE SUAS BÊNÇÃOS: QUE IYEWÁ LHE PERMITA RENOVAR-SE A CADA MANHÃ!

| | |
|---|---|
| | 07h |
| | 08h |
| | 09h |
| | 10h |
| | 11h |
| | 12h |
| | 13h |
| | 14h |
| | 15h |
| | 16h |
| | 17h |
| | 18h |
| | 19h |

*Iká*

ANOTAÇÕES:

*Odu Obeogundá* NO ASPECTO *negativo*

**ORIXÁ REGENTE:** *Obá*

☾ **LUA MINGUANTE**

*Lua fora de curso: 21/06 às 00:10h até 21/06 às 00:37h*

*Junho*

**21**

**TERÇA**

Início do Inverno

07h _____
08h _____
09h _____
10h _____
11h _____
12h _____
13h _____
14h _____
15h _____
16h _____
17h _____
18h _____
19h _____

BONS CAMINHOS, BOAS CONQUISTAS E BOAS COMPANHIAS: OBÁ LHE PROTEGE!

*Obeogundá*

ANOTAÇÕES:

# 22
**QUARTA**

*Odu Aláfia* NO ASPECTO *negativo*
ORIXÁ REGENTE: *Orunmilá*
☾ LUA MINGUANTE

*Junho*

> ACALME SEU CORAÇÃO E RECEBA AS BENÇÃOS DE ORUNMILÁ... UM NOVO DIA VAI RAIAR!

*Aláfia*

|  | |
|---|---|
| 07h | |
| 08h | |
| 09h | |
| 10h | |
| 11h | |
| 12h | |
| 13h | |
| 14h | |
| 15h | |
| 16h | |
| 17h | |
| 18h | |
| 19h | |

**ANOTAÇÕES:**

*Odu Ejionilé* no aspecto *negativo*

<u>Orixá Regente:</u> *Oxoguiã*

☽ LUA MINGUANTE

*Lua fora de curso: 23/06 às 05:02h até 23/06 às 08:57h*

*Junho*

**23**

QUINTA

07h _____
08h _____
09h _____
10h _____
11h _____
12h _____
13h _____
14h _____
15h _____
16h _____
17h _____
18h _____
19h _____

AVANTE! OXOGUIÃ VAI LHE GUIAR NO CAMINHO DA VERDADE!

*Ejionilé*

ANOTAÇÕES:

# 24

*Odu Ossá* NO ASPECTO *negativo*

**ORIXÁ REGENTE:** *Obá*

☽ LUA MINGUANTE

**SEXTA**

*Junho*

Dia de São João / Dia de Xangô

| | |
|---|---|
| | 07h |
| | 08h |
| | 09h |
| | 10h |
| | 11h |
| | 12h |
| | 13h |
| | 14h |
| | 15h |
| | 16h |
| | 17h |
| | 18h |
| | 19h |

NÃO DESISTA! OBÁ É QUEM GUIA OS SEUS PASSOS PARA O SUCESSO!

*Ossá*

ANOTAÇÕES:

*Odu Ofun* NO ASPECTO *negativo*

<u>ORIXÁ REGENTE:</u> *Oxalá*

☾ LUA MINGUANTE

*Lua fora de curso: 25/06 às 16:02h até 25/06 às 20:13h*

*Junho*

# 25

SÁBADO

- 07h _____
- 08h _____
- 09h _____
- 10h _____
- 11h _____
- 12h _____
- 13h _____
- 14h _____
- 15h _____
- 16h _____
- 17h _____
- 18h _____
- 19h _____

RESPIRE FUNDO E CONFIE: OXALÁ TEM UMA VITÓRIA GUARDADA PARA VOCÊ!

*Ofun*

ANOTAÇÕES:

# 26

*Odu Ejiokô* NO ASPECTO *negativo*

ORIXÁ REGENTE: *Ibeji*

☾ LUA MINGUANTE

**DOMINGO**

*Junho*

QUE IBEJI LHE DÊ FORÇA E CORAGEM PARA VENCER!

*Ejiokô*

- 07h
- 08h
- 09h
- 10h
- 11h
- 12h
- 13h
- 14h
- 15h
- 16h
- 17h
- 18h
- 19h

ANOTAÇÕES:

*Odu Ogundá* NO ASPECTO *negativo*

ORIXÁ REGENTE: *Ogum*

☽ LUA MINGUANTE

*Lua fora de curso: 27/06 às 23:38h até 28/06 às 08:53h*

*Junho*

# 27
SEGUNDA

|  | |
|---|---|
| 07h | |
| 08h | |
| 09h | |
| 10h | |
| 11h | |
| 12h | |
| 13h | |
| 14h | |
| 15h | |
| 16h | |
| 17h | |
| 18h | |
| 19h | |

SORRIA... UM NOVO SOL RAIOU! QUE OGUM ABENÇOE E PROTEJA O SEU DIA!

*Ogundá*

ANOTAÇÕES:

# 28
**TERÇA**

*Odu Zorossun* NO ASPECTO *negativo*

<u>ORIXÁ REGENTE:</u> *Iemanjá*

● LUA NOVA

*Lua fora de curso: 27/06 às 23:38h até 28/06 às 08:53h*

*Junho*

ACREDITE NA FORÇA QUE HÁ DENTRO DE VOCÊ! IEMANJÁ ESTÁ NO COMANDO!

*Zorossun*

| | |
|---|---|
| _____ | 07h |
| _____ | 08h |
| _____ | 09h |
| _____ | 10h |
| _____ | 11h |
| _____ | 12h |
| _____ | 13h |
| _____ | 14h |
| _____ | 15h |
| _____ | 16h |
| _____ | 17h |
| _____ | 18h |
| _____ | 19h |

ANOTAÇÕES:

*Odu Oxê* NO ASPECTO *positivo*

<u>ORIXÁ REGENTE:</u> *Oxum*

● LUA NOVA

*Junho*

# 29

QUARTA

Dia de São Pedro / Dia de Xangô

07h _____
08h _____
09h _____
10h _____
11h _____
12h _____
13h _____
14h _____
15h _____
16h _____
17h _____
18h _____
19h _____

QUE OXUM ABRA OS SEUS CAMINHOS PARA A VITÓRIA E A FELICIDADE!

*Oxê*

ANOTAÇÕES:

# 30

**QUINTA**

*Odu Obeogundá* NO ASPECTO *negativo*

ORIXÁ REGENTE: *Obá*

● LUA NOVA

*Lua fora de curso: 30/06 às 17:13h até 30/06 às 21:39h*

*Junho*

MEU MAIOR DESEJO? QUE OBÁ LHE FAÇA CAPAZ DE AGIR E MUDAR O SEU DESTINO!

*Obeogundá*

- 07h
- 08h
- 09h
- 10h
- 11h
- 12h
- 13h
- 14h
- 15h
- 16h
- 17h
- 18h
- 19h

ANOTAÇÕES:

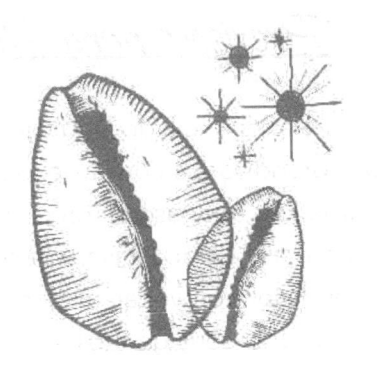

# Julho

## Odu do mês: Ojiologbon

*Na vida, morre-se lentamente a cada dia*

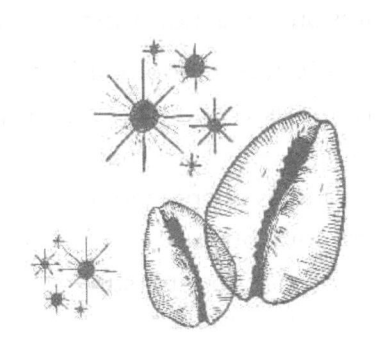

# Previsões para Julho

Pela regência do Odu Ojiologbon, o mês traz a sabedoria e os aprendizados com as experiências do passado, o resgate de situações antigas que precisam de finalização e a conformação com as Leis do Universo e o Tempo da Vida. Por isso, é recomendável aproveitar o momento para rever o passado recente, avaliar seus ganhos e perdas e traçar planos realizáveis para os próximos meses, evitando as fantasias e os excessos a fim de não se frustrar com aquilo que você não pode alcançar.

Essa é uma das maiores lições que o Odu Ojiologbon ensina a quem estiver disposto a aprender e enfrentar sua própria sombra: o passado já se foi e o futuro é apenas um sonho; o que existe, verdadeiramente, é apenas o momento agora. Você vem postergando decisões importantes por medo do futuro e apego ao que já se foi, mas é preciso compreender que tudo tem o seu tempo de ser e de deixar ir. Manter vínculos e situações por comodidade ou para evitar os conflitos não resolvem nada – ao contrário, apenas lhe prendem a uma zona de conforto não tão confortável assim. Por que, então, maltratar sua alma sofrendo pelo que não pode mudar?

Grandes possibilidades de brigas, discussões e desentendimentos entre pessoas próximas a você, nas quais você deve se manter neutra, sob risco de ser responsabilizado pelas consequências. Da mesma maneira, evite tomar decisões importantes ou iniciar novos projetos nesse período.

Atenção redobrada à saúde, especialmente às questões emocionais e neurológicas. Se possível, realize um *check-up completo* com o seu médico de confiança para cuidar do corpo e **busque as orientações do Jogo de Búzios para cuidar do espírito**, equilibrando as energias e preparando-se para os desafios do segundo semestre..

*Odu Iká* NO ASPECTO *negativo*

ORIXÁ REGENTE: *Iyewá*

● LUA NOVA

# 01

## Julho

### SEXTA

|  | |
|---|---|
| 07h | |
| 08h | |
| 09h | |
| 10h | |
| 11h | |
| 12h | |
| 13h | |
| 14h | |
| 15h | |
| 16h | |
| 17h | |
| 18h | |
| 19h | |

NÃO DESISTA! IYEWÁ É QUEM GUIA OS SEUS PASSOS PARA O SUCESSO!

*Iká*

ANOTAÇÕES:

# 02

*Odu Obeogundá* NO ASPECTO *negativo*

<u>ORIXÁ REGENTE:</u> *Obá*

● LUA NOVA

SÁBADO

*Julho*

**Obeogundá**

NÃO DESEJE O MAL... DEIXE QUE OBÁ LHE PROTEJA DAS MÁS INFLUÊNCIAS!

- 07h
- 08h
- 09h
- 10h
- 11h
- 12h
- 13h
- 14h
- 15h
- 16h
- 17h
- 18h
- 19h

ANOTAÇÕES:

*Odu Aláfia* NO ASPECTO *positivo*

ORIXÁ REGENTE: *Orunmilá*

● LUA NOVA

*Lua fora de curso: 03/07 às 06:58h até 03/07 às 09:31h*

**Julho** — **03** — **DOMINGO**

|  | |
|------|---|
| 07h  | _____ |
| 08h  | _____ |
| 09h  | _____ |
| 10h  | _____ |
| 11h  | _____ |
| 12h  | _____ |
| 13h  | _____ |
| 14h  | _____ |
| 15h  | _____ |
| 16h  | _____ |
| 17h  | _____ |
| 18h  | _____ |
| 19h  | _____ |

ABRA O CORAÇÃO E PERMITA QUE ORUNMILÁ LHE TRAGA EQUILÍBRIO E SENSATEZ NAS SUAS ESCOLHAS!

*Aláfia*

ANOTAÇÕES:

# 04

*Odu Ejionilé* NO ASPECTO *negativo*

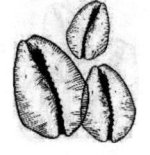

ORIXÁ REGENTE: *Oxoguiã*

● LUA NOVA

SEGUNDA

*Julho*

OXOGUIÃ LHE PERMITA AMADURECER COM OS DESAFIOS DO DESTINO!

*Ejionilé*

| | |
|---|---|
| | 07h |
| | 08h |
| | 09h |
| | 10h |
| | 11h |
| | 12h |
| | 13h |
| | 14h |
| | 15h |
| | 16h |
| | 17h |
| | 18h |
| | 19h |

ANOTAÇÕES:

*Odu Ossá* NO ASPECTO *negativo*

<u>ORIXÁ REGENTE:</u> *Iemanjá*

● LUA NOVA

*Lua fora de curso: 05/07 às 15:03h até 05/07 às 19:24h*

*Julho*

**05**

TERÇA

- 07h _____
- 08h _____
- 09h _____
- 10h _____
- 11h _____
- 12h _____
- 13h _____
- 14h _____
- 15h _____
- 16h _____
- 17h _____
- 18h _____
- 19h _____

NO DIA DE HOJE, AMANHÃ E SEMPRE, QUE IEMANJÁ LHE DÊ A SABEDORIA DAS BOAS ESCOLHAS!

*Ossá*

ANOTAÇÕES:

# 06

**QUARTA**

*Odu Ofun* NO ASPECTO *positivo*

<u>ORIXÁ REGENTE:</u> *Oxalá*

☾ LUA CRESCENTE

*Julho*

AVANTE! OXALÁ VAI LHE GUIAR NO CAMINHO DA VERDADE!

*Ofun*

|  |
|---|
| 07h |
| 08h |
| 09h |
| 10h |
| 11h |
| 12h |
| 13h |
| 14h |
| 15h |
| 16h |
| 17h |
| 18h |
| 19h |

ANOTAÇÕES:

*Odu Ejiokô* NO ASPECTO *negativo*

ORIXÁ REGENTE: *Omolu*

☾ LUA CRESCENTE

*Lua fora de curso: 07/07 às 22:03h até 08/07 às 21:14h*

*Julho*

# 07
QUINTA

07h _____
08h _____
09h _____
10h _____
11h _____
12h _____
13h _____
14h _____
15h _____
16h _____
17h _____
18h _____
19h _____

NO DIA DE HOJE, AMANHÃ E SEMPRE, QUE OMOLU ABRA OS SEUS CAMINHOS!

*Ejiokô*

ANOTAÇÕES:

# 08

**SEXTA**

*Odu Ogundá* NO ASPECTO *negativo*

<u>ORIXÁ REGENTE:</u> *Ogum*

☾ LUA CRESCENTE

*Lua fora de curso: 07/07 às 22:03h até 08/07 às 21:14h*

*Julho*

FELICIDADE E PROSPERIDADE: ESSAS SÃO AS PROMESSAS DE OGUM PARA O SEU DIA!

*Ogundá*

|  |
|---|
| 07h |
| 08h |
| 09h |
| 10h |
| 11h |
| 12h |
| 13h |
| 14h |
| 15h |
| 16h |
| 17h |
| 18h |
| 19h |

ANOTAÇÕES:

*Odu Iorossun* NO ASPECTO *negativo*

<u>ORIXÁ REGENTE:</u> *Iemanjá*

☾ LUA CRESCENTE

*Julho*

# 09

SÁBADO

07h _____
08h _____
09h _____
10h _____
11h _____
12h _____
13h _____
14h _____
15h _____
16h _____
17h _____
18h _____
19h _____

POR TODO O DIA, AGRADEÇA A IEMANJÁ PELAS VITÓRIAS DA VIDA!

*Iorossun*

ANOTAÇÕES:

# 10

**DOMINGO**

*Odu Iká* NO ASPECTO *negativo*

<u>ORIXÁ REGENTE:</u> *Oxumarê*

☾ LUA CRESCENTE

*Lua fora de curso: 10/07 às 01:34h até 10/07 às 05:34h*

*Julho*

AGRADEÇA A CADA SEGUNDO E OBSERVE O PODER DE OXUMARÊ TRANSFORMAR SUA VIDA!

*Iká*

| | |
|---|---|
| _____ | 07h |
| _____ | 08h |
| _____ | 09h |
| _____ | 10h |
| _____ | 11h |
| _____ | 12h |
| _____ | 13h |
| _____ | 14h |
| _____ | 15h |
| _____ | 16h |
| _____ | 17h |
| _____ | 18h |
| _____ | 19h |

ANOTAÇÕES:

*Odu Obeogundá* NO ASPECTO *negativo*

<u>ORIXÁ REGENTE:</u> *Obá*

☾ LUA CRESCENTE

*Lua fora de curso: 11/07 às 22:42h até 12/07 às 06:01h*

*Julho*

**11**

**SEGUNDA**

| | |
|---|---|
| 07h | _____ |
| 08h | _____ |
| 09h | _____ |
| 10h | _____ |
| 11h | _____ |
| 12h | _____ |
| 13h | _____ |
| 14h | _____ |
| 15h | _____ |
| 16h | _____ |
| 17h | _____ |
| 18h | _____ |
| 19h | _____ |

ACREDITE NA FORÇA QUE HÁ DENTRO DE VOCÊ! OBÁ ESTÁ NO COMANDO!

*Obeogundá*

ANOTAÇÕES:

# 12
**TERÇA**

*Odu Aláfia* NO ASPECTO *negativo*

<u>ORIXÁ REGENTE:</u> *Orunmilá*

☾ LUA CRESCENTE

*Lua fora de curso: 11/07 às 22:42h até 12/07 às 06:01h*

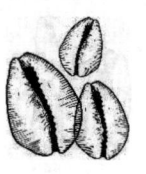

*Julho*

NO DIA DE HOJE, AMANHÃ E SEMPRE, QUE ORUNMILÁ TRAGA A RENOVAÇÃO EM SUA VIDA!

*Aláfia*

- 07h
- 08h
- 09h
- 10h
- 11h
- 12h
- 13h
- 14h
- 15h
- 16h
- 17h
- 18h
- 19h

ANOTAÇÕES:

*Odu Ejionilé* NO ASPECTO *negativo*

ORIXÁ REGENTE: *Xangô Airá*

O LUA CHEIA

*Julho*

**13**

QUARTA

|  | |
|---|---|
| 07h | |
| 08h | |
| 09h | |
| 10h | |
| 11h | |
| 12h | |
| 13h | |
| 14h | |
| 15h | |
| 16h | |
| 17h | |
| 18h | |
| 19h | |

XANGÔ AIRÁ LHE PERMITA SEGUIR EM FRENTE, POIS A FELICIDADE ESTÁ CHEGANDO!

*Ejionilé*

ANOTAÇÕES:

# 14
**QUINTA**

*Odu Ossá* NO ASPECTO *negativo*

<u>ORIXÁ REGENTE:</u> *Iyewá*

O LUA CHEIA
*Lua fora de curso: 14/07 às 01:16h até 14/07 às 05:13h*

*Julho*

**VOCÊ É CAPAZ DE SUPERAR TODOS OS DESAFIOS! CONFIE EM IYEWÁ!**

*Ossá*

|  |
|---|
| 07h |
| 08h |
| 09h |
| 10h |
| 11h |
| 12h |
| 13h |
| 14h |
| 15h |
| 16h |
| 17h |
| 18h |
| 19h |

ANOTAÇÕES:

*Odu Ofun* NO ASPECTO *positivo*

ORIXÁ REGENTE: *Oxalá*

O LUA CHEIA

*Julho*

# 15
SEXTA

07h _____
08h _____
09h _____
10h _____
11h _____
12h _____
13h _____
14h _____
15h _____
16h _____
17h _____
18h _____
19h _____

POR HOJE, QUE EXU LHE PROVOQUE... E QUE OXALÁ LHE ABENÇOE!

*Ofun*

ANOTAÇÕES:

# 16
## SÁBADO

*Odu Ejiokô* NO ASPECTO *positivo*

<u>ORIXÁ REGENTE:</u> *Ibeji*

## O LUA CHEIA

*Lua fora de curso: 16/07 às 01:36h até 16/07 às 05:18h*

*Julho*

MEU MAIOR DESEJO? QUE IBEJI LHE FAÇA CAPAZ DE AGIR E MUDAR O SEU DESTINO!

*Ejiokô*

- 07h
- 08h
- 09h
- 10h
- 11h
- 12h
- 13h
- 14h
- 15h
- 16h
- 17h
- 18h
- 19h

ANOTAÇÕES:

*Odu Ogundá* NO ASPECTO *positivo*

ORIXÁ REGENTE: *Ogum*

O LUA CHEIA

*Julho*

# 17

DOMINGO

07h _____
08h _____
09h _____
10h _____
11h _____
12h _____
13h _____
14h _____
15h _____
16h _____
17h _____
18h _____
19h _____

NÃO HÁ CAMINHOS FECHADOS PARA QUEM TEM FÉ! CONFIE EM OGUM!

*Ogundá*

ANOTAÇÕES:

# 18

**SEGUNDA**

*Odu Zorossun* NO ASPECTO *positivo*

<u>ORIXÁ REGENTE:</u> *Iemanjá*

O LUA CHEIA
*Lua fora de curso: 18/07 às 03:42h
até 18/07 às 08:17h*

*Julho*

FÉ ACIMA DE TUDO E APESAR DE TUDO, IEMANJÁ É POR VOCÊ!

*Zorossun*

| | |
|---|---|
| | 07h |
| | 08h |
| | 09h |
| | 10h |
| | 11h |
| | 12h |
| | 13h |
| | 14h |
| | 15h |
| | 16h |
| | 17h |
| | 18h |
| | 19h |

ANOTAÇÕES:

*Odu Oxê* NO ASPECTO *positivo*

<u>ORIXÁ REGENTE:</u> *Oxum*

O LUA CHEIA

*Julho*

# 19

TERÇA

|  | |
|---|---|
| 07h | |
| 08h | |
| 09h | |
| 10h | |
| 11h | |
| 12h | |
| 13h | |
| 14h | |
| 15h | |
| 16h | |
| 17h | |
| 18h | |
| 19h | |

ACALME SEU CORAÇÃO E RECEBA AS BENÇÃOS DE OXUM.... UM NOVO DIA VAI RAIAR!

*Oxê*

ANOTAÇÕES:

# 20
## QUARTA

*Odu Obeogundá* NO ASPECTO *negativo*

ORIXÁ REGENTE: *Obá*

☽ LUA MINGUANTE
*Lua fora de curso: 20/07 às 11:18h até 20/07 às 15:22h*

*Julho*

QUE OBÁ LHE DÊ FORÇA E CORAGEM PARA VENCER!

*Obeogundá*

| | |
|---|---|
| | 07h |
| | 08h |
| | 09h |
| | 10h |
| | 11h |
| | 12h |
| | 13h |
| | 14h |
| | 15h |
| | 16h |
| | 17h |
| | 18h |
| | 19h |

ANOTAÇÕES:

*Odu Aláfia* NO ASPECTO *negativo*

<u>ORIXÁ REGENTE:</u> *Orunmilá*

☽ LUA MINGUANTE

## 21
### QUINTA

*Julho*

07h _____
08h _____
09h _____
10h _____
11h _____
12h _____
13h _____
14h _____
15h _____
16h _____
17h _____
18h _____
19h _____

QUE ORUNMILÁ ABRA OS SEUS CAMINHOS PARA A VITÓRIA E A FELICIDADE!

*Aláfia*

ANOTAÇÕES:

# 22

**SEXTA**

*Odu Ejionilé* NO ASPECTO *negativo*

**ORIXÁ REGENTE:** *Oxoguiã*

☽ LUA MINGUANTE

*Lua fora de curso: 22/07 às 20:44h até 23/07 às 02:10h*

*Julho*

QUE NESSE DIA OXOGUIÃ CUBRA SEU LAR COM CONFIANÇA E ALEGRIAS!

*Ejionilé*

| | |
|---|---|
| _____ | 07h |
| _____ | 08h |
| _____ | 09h |
| _____ | 10h |
| _____ | 11h |
| _____ | 12h |
| _____ | 13h |
| _____ | 14h |
| _____ | 15h |
| _____ | 16h |
| _____ | 17h |
| _____ | 18h |
| _____ | 19h |

**ANOTAÇÕES:**

*Odu Ossá* NO ASPECTO *negativo*

<u>ORIXÁ REGENTE:</u> *Obá*

☾ **LUA MINGUANTE**

*Lua fora de curso: 22/07 às 20:44h até 23/07 às 02:10h*

*Julho*

# 23
SÁBADO

07h _____
08h _____
09h _____
10h _____
11h _____
12h _____
13h _____
14h _____
15h _____
16h _____
17h _____
18h _____
19h _____

RESPIRE FUNDO E CONFIE: OBÁ TEM UMA VITÓRIA GUARDADA PARA VOCÊ!

*Ossá*

ANOTAÇÕES:

# 24

**Odu Ofun** no aspecto *negativo*

<u>Orixá Regente:</u> *Oxalá*

☽ LUA MINGUANTE

DOMINGO

*Julho*

APESAR DE TODAS AS INTEMPÉRIES, QUE OXALÁ MULTIPLIQUE SUAS BOAS AÇÕES!

*Ofun*

| | |
|---|---|
| _____ | 07h |
| _____ | 08h |
| _____ | 09h |
| _____ | 10h |
| _____ | 11h |
| _____ | 12h |
| _____ | 13h |
| _____ | 14h |
| _____ | 15h |
| _____ | 16h |
| _____ | 17h |
| _____ | 18h |
| _____ | 19h |

ANOTAÇÕES:

*Odu Ejiokô* NO ASPECTO *negativo*

<u>ORIXÁ REGENTE:</u> *Exu*

☾ LUA MINGUANTE

*Lua fora de curso: 25/07 às 05:14h até 25/07 às 14:53h*

*Julho*

# 25
SEGUNDA

Dia Internacional da Mulher Negra Latino-Americana e Caribenha

07h _____
08h _____
09h _____
10h _____
11h _____
12h _____
13h _____
14h _____
15h _____
16h _____
17h _____
18h _____
19h _____

POR HOJE E PELOS DIAS QUE VIRÃO, QUE EXU LHE ACOLHA EM SEUS BRAÇOS E ABENÇOE SEU DIA!

*Ejiokô*

ANOTAÇÕES:

# 26

*Odu Ogundá* NO ASPECTO *negativo*

<u>ORIXÁ REGENTE:</u> *Ogum*

☾ LUA MINGUANTE

**TERÇA**

*Julho*

Dia dos Avós / Dia de Nanã

VOCÊ ESTÁ NO CAMINHO CERTO! QUE OGUM GUIE SEUS PASSOS E SUAS DECISÕES!

*Ogundá*

- 07h
- 08h
- 09h
- 10h
- 11h
- 12h
- 13h
- 14h
- 15h
- 16h
- 17h
- 18h
- 19h

ANOTAÇÕES:

*Odu Zorossun* NO ASPECTO *negativo*

<u>ORIXÁ REGENTE:</u> *Iemanjá*

☾ LUA MINGUANTE

*Lua fora de curso: 27/07 às 21:54h até 28/07 às 03:35h*

*Julho*

# 27
QUARTA

|  | |
|---|---|
| 07h | |
| 08h | |
| 09h | |
| 10h | |
| 11h | |
| 12h | |
| 13h | |
| 14h | |
| 15h | |
| 16h | |
| 17h | |
| 18h | |
| 19h | |

ACEITE SUAS BÊNÇÃOS: QUE IEMANJÁ LHE PERMITA RENOVAR-SE A CADA MANHÃ!

*Zorossun*

ANOTAÇÕES:

# 28
## QUINTA

*Odu Oxê* NO ASPECTO *negativo*

<u>ORIXÁ REGENTE:</u> *Oxum*

● LUA NOVA

Lua fora de curso: 27/07 às 21:54h até 28/07 às 03:35h

*Julho*

SORRIA... UM NOVO SOL RAIOU! QUE OXUM ABENÇOE E PROTEJA O SEU DIA!

*Oxê*

|  |
|------|
| 07h |
| 08h |
| 09h |
| 10h |
| 11h |
| 12h |
| 13h |
| 14h |
| 15h |
| 16h |
| 17h |
| 18h |
| 19h |

ANOTAÇÕES:

*Odu Obará* NO ASPECTO *positivo*

ORIXÁ REGENTE: *Logunedé*

● LUA NOVA

## Julho

# 29

**SEXTA**

07h _____
08h _____
09h _____
10h _____
11h _____
12h _____
13h _____
14h _____
15h _____
16h _____
17h _____
18h _____
19h _____

> POR HOJE E SEMPRE, LOGUNEDÉ LHE DÊ BONS AMIGOS EM QUEM CONFIAR!

*Obará*

ANOTAÇÕES:

# 30

**SÁBADO**

Dia do Amigo

*Odu Aláfia* NO ASPECTO *negativo*

<u>ORIXÁ REGENTE:</u> *Orunmilá*

● LUA NOVA

*Lua fora de curso: 30/07 às 01:29h até 30/07 às 15:10h*

*Julho*

BONS CAMINHOS, BOAS CONQUISTAS E BOAS COMPANHIAS: ORUNMILÁ LHE PROTEGE!

*Aláfia*

|  | |
|---|---|
| 07h | |
| 08h | |
| 09h | |
| 10h | |
| 11h | |
| 12h | |
| 13h | |
| 14h | |
| 15h | |
| 16h | |
| 17h | |
| 18h | |
| 19h | |

ANOTAÇÕES:

*Odu Ejiogbê* NO ASPECTO *positivo*

ORIXÁ REGENTE: *Xangô Airá*

● LUA NOVA

*Julho*

**31**

DOMINGO

07h _____
08h _____
09h _____
10h _____
11h _____
12h _____
13h _____
14h _____
15h _____
16h _____
17h _____
18h _____
19h _____

ENQUANTO HÁ ESPERANÇA, HÁ UM CAMINHO! QUE XANGÔ AIRÁ LHE DÊ FELICIDADE!

*Ejiogbê*

ANOTAÇÕES:

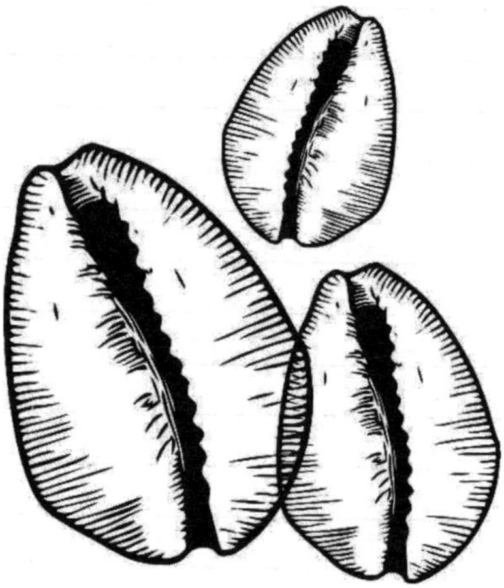

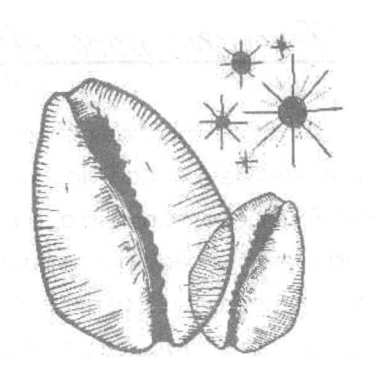

# Agosto

## Odu do mês: Iká

*Nem início, nem fim: viver é um eterno recomeço*

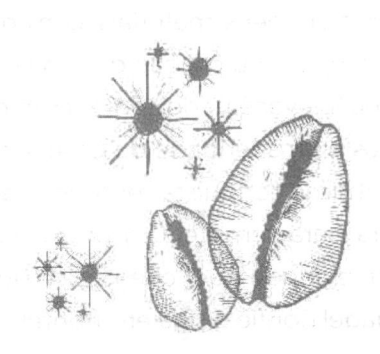

# Previsões para Agosto

O mês dá indícios de novos ciclos se formando em sua vida, através da regência do Odu Iká, o caminho das revoluções e transformações. Com isso, há grandes chances de que esse período seja marcado por contrastes sobre seus objetivos: aqueles que tenham sido bem planejados nos meses anteriores e realizados com dedicação e empenho chegarão à sua completude. Em contrapartida, os que tiverem sido postergados ou serão absolutamente abandonados e esquecidos ou se renovarão, provocando a necessidade de recomeçar do zero e traçar novas estratégias para que se concretizem.

A regência do Odu Iká também fala sobre a coragem e a capacidade de controlar situações tumultuadas – e, com isso, afirma a existência desses tumultos em maior intensidade durante todo o mês, por isso cuidado! É preciso, porém, ter muito cuidado já que é o Odu Iká também denota situações de violência e agressões físicas e verbais. Isso poderá se refletir tanto nas suas relações pessoais quanto profissionais, pelo que é importante estar atento e consciente das suas palavras e ações para evitar o caos. Quando perceber os ânimos se esquentando, respire fundo, deixe o orgulho de lado e se afaste: quando um não quer, dois não brigam!

Ainda assim, este promete ser um mês positivo, com possibilidades de ganhos financeiros e de novos ciclos de conquista de bens materiais, com o surgimento empregos, início de projetos ou criação de uma nova empresa. Para atrair estas bênçãos, você pode contar com os **incensos e velas Abre Caminhos e Prosperidade da Casa Arole**. Entretanto, lembre-se que nenhuma conquista verdadeira acontece do dia pra noite, nem dura para sempre: um passo de cada vez, sabendo de onde vem e aonde quer chegar, é o que te levará de encontro à felicidade! Confie e siga em frente!

*Odu Obeogundá* NO ASPECTO *negativo*

**ORIXÁ REGENTE:** *Obá*

# 01

● LUA NOVA

*Lua fora de curso: 01/08 às 19:29h até 02/08 às 01:06h*

*Agosto*

SEGUNDA

07h
08h
09h
10h
11h
12h
13h
14h
15h
16h
17h
18h
19h

ENQUANTO HÁ ESPERANÇA, HÁ UM CAMINHO! QUE OBÁ LHE DÊ FELICIDADE!

*Obeogundá*

ANOTAÇÕES:

# 02

**TERÇA**

*Odu Aláfia* NO ASPECTO *negativo*

<u>ORIXÁ REGENTE:</u> *Orunmilá*

● LUA NOVA

*Lua fora de curso: 01/08 às 19:29h até 02/08 às 01:06h*

*Agosto*

ORUNMILÁ LHE PERMITA AMADURECER COM OS DESAFIOS DO DESTINO!

*Aláfia*

| | |
|---|---|
| | 07h |
| | 08h |
| | 09h |
| | 10h |
| | 11h |
| | 12h |
| | 13h |
| | 14h |
| | 15h |
| | 16h |
| | 17h |
| | 18h |
| | 19h |

ANOTAÇÕES:

*Odu Ejionilé* NO ASPECTO *negativo*

<u>ORIXÁ REGENTE:</u> *Xangô Airá*

● LUA NOVA

# 03

## Agosto

## QUARTA

Dia da Capoeira

07h _____
08h _____
09h _____
10h _____
11h _____
12h _____
13h _____
14h _____
15h _____
16h _____
17h _____
18h _____
19h _____

QUE NESSE DIA XANGÔ AIRÁ CUBRA SEU LAR COM CONFIANÇA E ALEGRIAS!

*Ejionilé*

ANOTAÇÕES:

# 04

**QUINTA**

*Odu Ossá* NO ASPECTO *negativo*

ORIXÁ REGENTE: *Obá*

● LUA NOVA

*Lua fora de curso: 04/08 às 03:19h até 04/08 às 08:46h*

*Agosto*

Dia do Sacerdote Religioso

NO DIA DE HOJE, AMANHÃ E SEMPRE, QUE OBÁ TRAGA A RENOVAÇÃO EM SUA VIDA!

*Ossá*

- 07h
- 08h
- 09h
- 10h
- 11h
- 12h
- 13h
- 14h
- 15h
- 16h
- 17h
- 18h
- 19h

ANOTAÇÕES:

*Odu Ofun* NO ASPECTO *positivo*

<u>ORIXÁ REGENTE:</u> *Oxalá*

☾ LUA CRESCENTE

*Agosto*

**05**

SEXTA

07h _____
08h _____
09h _____
10h _____
11h _____
12h _____
13h _____
14h _____
15h _____
16h _____
17h _____
18h _____
19h _____

NO DIA DE HOJE, AMANHÃ E SEMPRE, QUE OXALÁ LHE DÊ A SABEDORIA DAS BOAS ESCOLHAS!

*Ofun*

ANOTAÇÕES:

## 06
**SÁBADO**

*Odu Ejiokô* NO ASPECTO *negativo*

<u>ORIXÁ REGENTE:</u> *Exu*

☾ **LUA CRESCENTE**

*Lua fora de curso: 06/08 às 08:24h até 06/08 às 13:38h*

*Agosto*

VOCÊ ESTÁ NO CAMINHO CERTO! QUE EXU GUIE SEUS PASSOS E SUAS DECISÕES!

*Ejiokô*

- 07h
- 08h
- 09h
- 10h
- 11h
- 12h
- 13h
- 14h
- 15h
- 16h
- 17h
- 18h
- 19h

ANOTAÇÕES:

*Odu Ogundá* NO ASPECTO *positivo*

ORIXÁ REGENTE: *Ogum*

☾ LUA CRESCENTE

*Agosto*

**07**

DOMINGO

- 07h _____
- 08h _____
- 09h _____
- 10h _____
- 11h _____
- 12h _____
- 13h _____
- 14h _____
- 15h _____
- 16h _____
- 17h _____
- 18h _____
- 19h _____

NÃO DESISTA! OGUM É QUEM GUIA OS SEUS PASSOS PARA O SUCESSO!

*Ogundá*

ANOTAÇÕES:

# 08
**SEGUNDA**

*Odu Iorossun* NO ASPECTO *negativo*

<u>ORIXÁ REGENTE:</u> *Iemanjá*

☾ LUA CRESCENTE

*Lua fora de curso: 08/08 às 07:30h até 08/08 às 15:38h*

*Agosto*

> POR HOJE E SEMPRE, IEMANJÁ LHE DÊ BONS AMIGOS EM QUEM CONFIAR!

*Iorossun*

|  | |
|---|---|
| 07h | |
| 08h | |
| 09h | |
| 10h | |
| 11h | |
| 12h | |
| 13h | |
| 14h | |
| 15h | |
| 16h | |
| 17h | |
| 18h | |
| 19h | |

ANOTAÇÕES:

*Odu Oxê* NO ASPECTO *positivo*

ORIXÁ REGENTE: *Oxum*

☾ LUA CRESCENTE

*Agosto*

# 09

TERÇA

07h _____
08h _____
09h _____
10h _____
11h _____
12h _____
13h _____
14h _____
15h _____
16h _____
17h _____
18h _____
19h _____

AGRADEÇA A CADA SEGUNDO E OBSERVE O PODER DE OXUM TRANSFORMAR SUA VIDA!

*Oxê*

ANOTAÇÕES:

# 10
**QUARTA**

*Odu Obeogundá* NO ASPECTO *positivo*

ORIXÁ REGENTE: *Obá*

☾ **LUA CRESCENTE**
*Lua fora de curso: 10/08 às 13:39h até 10/08 às 15:44h*

*Agosto*

> VOCÊ É CAPAZ DE SUPERAR TODOS OS DESAFIOS! CONFIE EM OBÁ!

*Obeogundá*

- 07h
- 08h
- 09h
- 10h
- 11h
- 12h
- 13h
- 14h
- 15h
- 16h
- 17h
- 18h
- 19h

ANOTAÇÕES:

*Odu Aláfia* NO ASPECTO *positivo*

<u>ORIXÁ REGENTE:</u> *Orunmilá*

O LUA CHEIA

*Agosto*

**11**

QUINTA

| | |
|---|---|
| 07h | |
| 08h | |
| 09h | |
| 10h | |
| 11h | |
| 12h | |
| 13h | |
| 14h | |
| 15h | |
| 16h | |
| 17h | |
| 18h | |
| 19h | |

RESPIRE FUNDO E CONFIE: ORUNMILÁ TEM UMA VITÓRIA GUARDADA PARA VOCÊ!

*Aláfia*

ANOTAÇÕES:

# 12
**SEXTA**

*Odu Ejionilé* NO ASPECTO *negativo*

<u>ORIXÁ REGENTE:</u> *Oxoguiã*

## O LUA CHEIA
*Lua fora de curso: 12/08 às 08:06h até 12/08 às 15:44h*

*Agosto*

QUE OXOGUIÃ ABRA OS SEUS CAMINHOS PARA A VITÓRIA E A FELICIDADE!

*Ejionilé*

|  | |
|---|---|
| 07h | |
| 08h | |
| 09h | |
| 10h | |
| 11h | |
| 12h | |
| 13h | |
| 14h | |
| 15h | |
| 16h | |
| 17h | |
| 18h | |
| 19h | |

**ANOTAÇÕES:**

*Odu Ossá* NO ASPECTO *positivo*

ORIXÁ REGENTE: *Obá*

O LUA CHEIA

*Agosto*

# 13

SÁBADO

Dia de Exu / Dia da Quimbanda

- 07h _____
- 08h _____
- 09h _____
- 10h _____
- 11h _____
- 12h _____
- 13h _____
- 14h _____
- 15h _____
- 16h _____
- 17h _____
- 18h _____
- 19h _____

ACREDITE NA FORÇA QUE HÁ DENTRO DE VOCÊ! OBÁ ESTÁ NO COMANDO!

*Ossá*

ANOTAÇÕES:

# 14

**DOMINGO**

Dia dos Pais

*Odu Ofun* NO ASPECTO *positivo*

<u>ORIXÁ REGENTE:</u> *Oxalá*

O LUA CHEIA
*Lua fora de curso: 14/08 às 12:10h até 14/08 às 17:42h*

*Agosto*

NÃO DESEJE O MAL... DEIXE QUE OXALÁ LHE PROTEJA DAS MÁS INFLUÊNCIAS!

*Ofun*

- 07h
- 08h
- 09h
- 10h
- 11h
- 12h
- 13h
- 14h
- 15h
- 16h
- 17h
- 18h
- 19h

ANOTAÇÕES:

*Odu Ejiokô* NO ASPECTO *positivo*

ORIXÁ REGENTE: *Ibeji*

O LUA CHEIA

*Agosto*

# 15

SEGUNDA

07h _____

08h _____

09h _____

10h _____

11h _____

12h _____

13h _____

14h _____

15h _____

16h _____

17h _____

18h _____

19h _____

BONS CAMINHOS, BOAS CONQUISTAS E BOAS COMPANHIAS: IBEJI LHE PROTEGE!

*Ejiokô*

ANOTAÇÕES:

# 16

**TERÇA**

*Odu Ogundá* NO ASPECTO *negativo*

<u>ORIXÁ REGENTE:</u> *Ogum*

O LUA CHEIA

*Lua fora de curso: 16/08 às 17:18h até 16/08 às 23:22h*

*Agosto*

Dia de São Roque / Dia de Obaluaiê

FELICIDADE E PROSPERIDADE: ESSAS SÃO AS PROMESSAS DE OGUM PARA O SEU DIA!

*Ogundá*

| | |
|---|---|
| | 07h |
| | 08h |
| | 09h |
| | 10h |
| | 11h |
| | 12h |
| | 13h |
| | 14h |
| | 15h |
| | 16h |
| | 17h |
| | 18h |
| | 19h |

ANOTAÇÕES:

*Odu Zorossun* NO ASPECTO *negativo*

<u>Orixá Regente:</u> *Iemanjá*

O LUA CHEIA

*Agosto*

**17**

QUARTA

07h _____
08h _____
09h _____
10h _____
11h _____
12h _____
13h _____
14h _____
15h _____
16h _____
17h _____
18h _____
19h _____

Por hoje, que Exu lhe provoque... e que Oxalá lhe abençoe!

*Zorossun*

ANOTAÇÕES:

# 18

**QUINTA**

*Odu Oxê* NO ASPECTO *positivo*

<u>ORIXÁ REGENTE:</u> *Oxum*

O LUA CHEIA

*Agosto*

NÃO HÁ CAMINHOS FECHADOS PARA QUEM TEM FÉ! CONFIE EM OXUM!

*Oxê*

| | |
|---|---|
| _____ | 07h |
| _____ | 08h |
| _____ | 09h |
| _____ | 10h |
| _____ | 11h |
| _____ | 12h |
| _____ | 13h |
| _____ | 14h |
| _____ | 15h |
| _____ | 16h |
| _____ | 17h |
| _____ | 18h |
| _____ | 19h |

ANOTAÇÕES:

*Odu Obará* NO ASPECTO *negativo*

ORIXÁ REGENTE: *Logunedé*

☽ LUA MINGUANTE

*Lua fora de curso: 19/08 às 08:05h até 19/08 às 09:06h*

*Agosto*

**19**

SEXTA

07h _____
08h _____
09h _____
10h _____
11h _____
12h _____
13h _____
14h _____
15h _____
16h _____
17h _____
18h _____
19h _____

QUE LOGUNEDÉ LHE DÊ FORÇA E CORAGEM PARA VENCER!

*Obará*

ANOTAÇÕES:

# 20

**SÁBADO**

*Odu Aláfia* NO ASPECTO *negativo*
<u>ORIXÁ REGENTE:</u> *Orunmilá*

☾ LUA MINGUANTE

*Agosto*

AVANTE! ORUNMILÁ VAI LHE GUIAR NO CAMINHO DA VERDADE!

*Aláfia*

|  |
|---|
| 07h |
| 08h |
| 09h |
| 10h |
| 11h |
| 12h |
| 13h |
| 14h |
| 15h |
| 16h |
| 17h |
| 18h |
| 19h |

ANOTAÇÕES:

*Odu Ejionilé* NO ASPECTO *negativo*

<u>ORIXÁ REGENTE:</u> *Xangô Airá*

☽ **LUA MINGUANTE**

*Lua fora de curso: 21/08 às 19:06h até 21/08 às 21:29h*

## Agosto

# 21
**DOMINGO**

- 07h _____
- 08h _____
- 09h _____
- 10h _____
- 11h _____
- 12h _____
- 13h _____
- 14h _____
- 15h _____
- 16h _____
- 17h _____
- 18h _____
- 19h _____

ABRA O CORAÇÃO E PERMITA QUE XANGÔ AIRÁ LHE TRAGA EQUILÍBRIO E SENSATEZ NAS SUAS ESCOLHAS!

*Ejionilé*

ANOTAÇÕES:

# 22

*Odu Ossá* NO ASPECTO *negativo*

<u>ORIXÁ REGENTE:</u> *Obá*

☽ LUA MINGUANTE

**SEGUNDA**

*Agosto*

APESAR DE TODAS AS INTEMPÉRIES, QUE OBÁ MULTIPLIQUE SUAS BOAS AÇÕES!

*Ossá*

- 07h
- 08h
- 09h
- 10h
- 11h
- 12h
- 13h
- 14h
- 15h
- 16h
- 17h
- 18h
- 19h

ANOTAÇÕES:

*Odu Ofun* NO ASPECTO *negativo*

<u>ORIXÁ REGENTE:</u> *Oxalá*

☽ LUA MINGUANTE

# 23

## Agosto

TERÇA

| | |
|---|---|
| 07h | |
| 08h | |
| 09h | |
| 10h | |
| 11h | |
| 12h | |
| 13h | |
| 14h | |
| 15h | |
| 16h | |
| 17h | |
| 18h | |
| 19h | |

POR TODO O DIA, AGRADEÇA A OXALÁ PELAS VITÓRIAS DA VIDA!

*Ofun*

ANOTAÇÕES:

# 24
**QUARTA**

*Odu Ejiokô* NO ASPECTO *negativo*

<u>ORIXÁ REGENTE:</u> *Ibeji*

☽ LUA MINGUANTE

*Lua fora de curso: 24/08 às 06:40h até 24/08 às 10:29h*

*Agosto*

Dia de São Bartolomeu / Dia de Oxumarê

IBEJI LHE PERMITA SEGUIR EM FRENTE, POIS A FELICIDADE ESTÁ CHEGANDO!

*Ejiokô*

_____ 07h
_____ 08h
_____ 09h
_____ 10h
_____ 11h
_____ 12h
_____ 13h
_____ 14h
_____ 15h
_____ 16h
_____ 17h
_____ 18h
_____ 19h

ANOTAÇÕES:

*Odu Ogundá* NO ASPECTO *negativo*

<u>ORIXÁ REGENTE:</u> *Ogum*

☽ LUA MINGUANTE

# Agosto

# 25

## QUINTA

07h _____
08h _____
09h _____
10h _____
11h _____
12h _____
13h _____
14h _____
15h _____
16h _____
17h _____
18h _____
19h _____

SORRIA.... UM NOVO SOL RAIOU! QUE OGUM ABENÇOE E PROTEJA O SEU DIA!

*Ogundá*

ANOTAÇÕES:

# 26
**SEXTA**

*Odu Zorossun* NO ASPECTO *negativo*

ORIXÁ REGENTE: *Iemanjá*

☾ LUA MINGUANTE

*Lua fora de curso: 26/08 às 03:54h até 26/08 às 21:24h*

*Agosto*

MEU MAIOR DESEJO? QUE IEMANJÁ LHE FAÇA CAPAZ DE AGIR E MUDAR O SEU DESTINO!

*Zorossun*

| | |
|---|---|
| _____ | 07h |
| _____ | 08h |
| _____ | 09h |
| _____ | 10h |
| _____ | 11h |
| _____ | 12h |
| _____ | 13h |
| _____ | 14h |
| _____ | 15h |
| _____ | 16h |
| _____ | 17h |
| _____ | 18h |
| _____ | 19h |

ANOTAÇÕES:

*Odu Oxê* no aspecto *negativo*

<u>Orixá Regente:</u> *Oxum*

● LUA NOVA

# 27

*Agosto*          SÁBADO

|  | |
|---|---|
| 07h | |
| 08h | |
| 09h | |
| 10h | |
| 11h | |
| 12h | |
| 13h | |
| 14h | |
| 15h | |
| 16h | |
| 17h | |
| 18h | |
| 19h | |

ACALME SEU CORAÇÃO E RECEBA AS BENÇÃOS DE OXUM... UM NOVO DIA VAI RAIAR!

*Oxê*

ANOTAÇÕES:

# 28

**DOMINGO**

*Odu Obará* NO ASPECTO *positivo*

<u>ORIXÁ REGENTE:</u> *Oxóssi*

● LUA NOVA

*Agosto*

*No dia de hoje, amanhã e sempre, que Oxóssi abra os seus caminhos!*

*Obará*

| | |
|---|---|
| | 07h |
| | 08h |
| | 09h |
| | 10h |
| | 11h |
| | 12h |
| | 13h |
| | 14h |
| | 15h |
| | 16h |
| | 17h |
| | 18h |
| | 19h |

ANOTAÇÕES:

*Odu Odi* NO ASPECTO *negativo*

ORIXÁ REGENTE: *Ogum*

● LUA NOVA

*Lua fora de curso: 29/08 às 00:08h até 29/08 às 06:44h*

*Agosto*

# 29
SEGUNDA

07h _____
08h _____
09h _____
10h _____
11h _____
12h _____
13h _____
14h _____
15h _____
16h _____
17h _____
18h _____
19h _____

ACEITE SUAS BÊNÇÃOS: QUE OGUM LHE PERMITA RENOVAR-SE A CADA MANHÃ!

*Odi*

ANOTAÇÕES:

# 30

**TERÇA**

*Odu Ejiogbê* NO ASPECTO *positivo*

<u>ORIXÁ REGENTE:</u> *Xangô Airá*

● LUA NOVA

*Agosto*

FÉ ACIMA DE TUDO E APESAR DE TUDO, XANGÔ AIRÁ É POR VOCÊ!

- 07h
- 08h
- 09h
- 10h
- 11h
- 12h
- 13h
- 14h
- 15h
- 16h
- 17h
- 18h
- 19h

*Ejiogbê*

ANOTAÇÕES:

*Odu Ossá* NO ASPECTO *negativo*

<u>ORIXÁ REGENTE:</u> *Iansã*

● LUA NOVA

*Agosto*

# 31

QUARTA

07h _____
08h _____
09h _____
10h _____
11h _____
12h _____
13h _____
14h _____
15h _____
16h _____
17h _____
18h _____
19h _____

POR HOJE E PELOS DIAS QUE VIRÃO, QUE IANSÃ LHE ACOLHA EM SEUS BRAÇOS E ABENÇOE SEU DIA!

*Ossá*

ANOTAÇÕES:

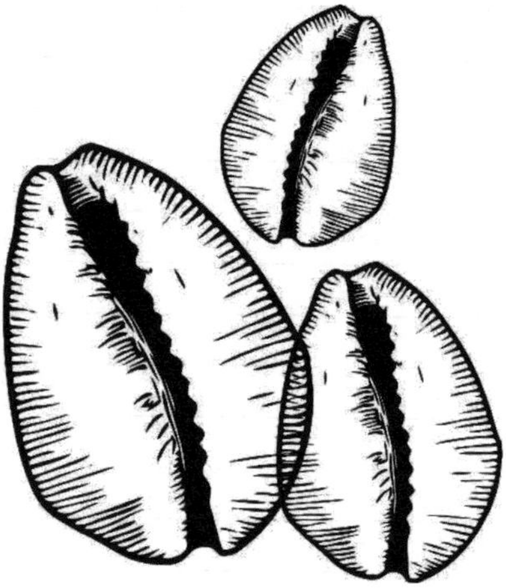

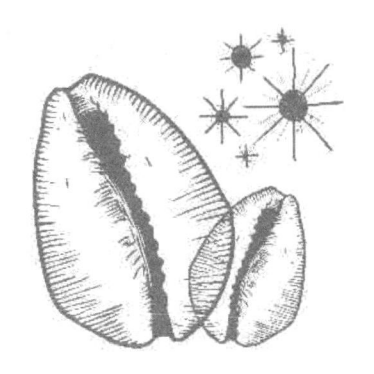

# Setembro

## Odu do mês: Obeogundá

*A força que movimenta é a mesma que paralisa*

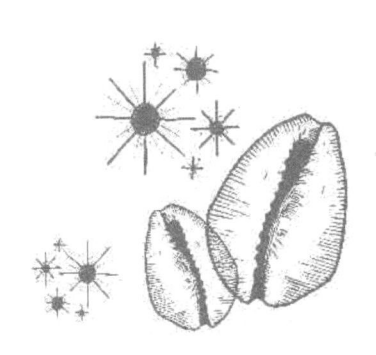

# Previsões para Setembro

O Odu Obeogundá é o caminho dos extremos e dos excessos, da cólera incontrolável e do desespero por não ter suas vontades realizadas. Por sua vez, também é caminho de desatinos amorosos, de ímpetos incontroláveis, que rege as paixões que beiram o descontrole. Por isso, de todos os meses do ano, esse talvez seja o mais intenso e perigoso de todos – afinal, onde a emoção comanda, a razão perde a voz.

Buscar manter o equilíbrio emocional será de extrema importância nesse mês, já que a angústia e a tristeza baterão à porta. Importante observar, ainda, que o caminho da felicidade passa por valorizar os seus desejos e vontades, colocando a si como prioridade. Entretanto, sob os auspícios desse Odu, é importante também aprender que nem sempre é possível obter aquilo que queremos na hora que queremos e aprender a esperar é a chave do equilíbrio neste período.

Para isso, será necessário buscar manter a paz e a harmonia interior para que o Universo reflita esse equilíbrio. Faça meditações e relaxamentos, procure ter momentos de lazer que lhe acalmem os ânimos, como passeios e atividades ao ar livre, e evite todo e qualquer tipo de situação que lhe ponha sob pressão. Para harmonizar as energias e afastar a provocações do destino, tome banhos de lavanda, *ori pepe* e folha-de-colônia maceradas com as mãos uma vez por semana. Se quiser, você também pode contar com os **Incensos Proteção e Harmonia**, disponíveis em casaarole.com.br.

O Odu Obeogundá ainda anuncia a chegada de um auxílio poderoso que lhe ajudará no cumprimento das obrigações necessárias. Entretanto, é preciso estar disposto a reconhecer e receber a ajuda oferecida, deixando o orgulho de lado e entendendo que ninguém é capaz de viver isolado e manter a sanidade ao mesmo tempo

*Odu Aláfia* NO ASPECTO *positivo*

ORIXÁ REGENTE: *Orunmilá*

● LUA NOVA

# Setembro

# 01

QUINTA

|  | |
|---|---|
| 07h | |
| 08h | |
| 09h | |
| 10h | |
| 11h | |
| 12h | |
| 13h | |
| 14h | |
| 15h | |
| 16h | |
| 17h | |
| 18h | |
| 19h | |

NÃO HÁ CAMINHOS FECHADOS PARA QUEM TEM FÉ! CONFIE EM ORUNMILÁ!

*Aláfia*

ANOTAÇÕES:

# 02

**SEXTA**

*Odu Ejionilé* NO ASPECTO *positivo*

<u>ORIXÁ REGENTE:</u> *Oxoguiã*

● LUA NOVA

*Lua fora de curso: 02/09 às 14:21h até 02/09 às 19:39h*

*Setembro*

AVANTE! OXOGUIÃ VAI LHE GUIAR NO CAMINHO DA VERDADE!

*Ejionilé*

|  |
|---|
| 07h |
| 08h |
| 09h |
| 10h |
| 11h |
| 12h |
| 13h |
| 14h |
| 15h |
| 16h |
| 17h |
| 18h |
| 19h |

ANOTAÇÕES:

*Odu Ossá* NO ASPECTO *positivo*

ORIXÁ REGENTE: *Obá*

☾ LUA CRESCENTE

# 03

## Setembro

SÁBADO

- 07h _____
- 08h _____
- 09h _____
- 10h _____
- 11h _____
- 12h _____
- 13h _____
- 14h _____
- 15h _____
- 16h _____
- 17h _____
- 18h _____
- 19h _____

ABRA O CORAÇÃO E PERMITA QUE OBÁ LHE TRAGA EQUILÍBRIO E SENSATEZ NAS SUAS ESCOLHAS!

*Ossá*

ANOTAÇÕES:

# 04
**DOMINGO**

*Odu Ofun* NO ASPECTO *positivo*

<u>ORIXÁ REGENTE:</u> *Oxalá*

☾ **LUA CRESCENTE**
*Lua fora de curso: 04/09 às 22:50h até 04/09 às 23:02h*

*Setembro*

QUE OXALÁ ABRA OS SEUS CAMINHOS PARA A VITÓRIA E A FELICIDADE!

*Ofun*

- 07h
- 08h
- 09h
- 10h
- 11h
- 12h
- 13h
- 14h
- 15h
- 16h
- 17h
- 18h
- 19h

ANOTAÇÕES:

*Odu Ejiokô* NO ASPECTO *positivo*

<u>ORIXÁ REGENTE:</u> *Omolu*

☾ LUA CRESCENTE

*Setembro*

# 05

**SEGUNDA**

Dia dos Irmãos

07h _____
08h _____
09h _____
10h _____
11h _____
12h _____
13h _____
14h _____
15h _____
16h _____
17h _____
18h _____
19h _____

FÉ ACIMA DE TUDO E APESAR DE TUDO, OMOLU É POR VOCÊ!

*Ejiokô*

ANOTAÇÕES:

# 06
**TERÇA**

*Odu Ogundá* NO ASPECTO *negativo*

<u>ORIXÁ REGENTE:</u> *Ogum*

☾ LUA CRESCENTE

*Lua fora de curso: 06/09 às 18:42h até 07/09 às 00:41h*

*Setembro*

VOCÊ É CAPAZ DE SUPERAR TODOS OS DESAFIOS! CONFIE EM OGUM!

*Ogundá*

|  | |
|---|---|
| 07h | |
| 08h | |
| 09h | |
| 10h | |
| 11h | |
| 12h | |
| 13h | |
| 14h | |
| 15h | |
| 16h | |
| 17h | |
| 18h | |
| 19h | |

ANOTAÇÕES:

*Odu Zorossun* NO ASPECTO *negativo*

<u>ORIXÁ REGENTE:</u> *Iemanjá*

☽ LUA CRESCENTE

*Setembro*

Lua fora de curso: *06/09 às 18:42h até 07/09 às 00:41h*

# 07
QUARTA

Independência do Brasil

- 07h _____
- 08h _____
- 09h _____
- 10h _____
- 11h _____
- 12h _____
- 13h _____
- 14h _____
- 15h _____
- 16h _____
- 17h _____
- 18h _____
- 19h _____

NÃO DESEJE O MAL... DEIXE QUE IEMANJÁ LHE PROTEJA DAS MÁS INFLUÊNCIAS!

*Zorossun*

ANOTAÇÕES:

# 08

**QUINTA**

*Odu Oxê* NO ASPECTO *negativo*

<u>ORIXÁ REGENTE:</u> *Oxum*

☾ **LUA CRESCENTE**
*Lua fora de curso: 08/09 às 09:33h até 09/09 às 01:42h*

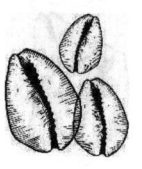

*Setembro*

POR HOJE E SEMPRE, OXUM LHE DÊ BONS AMIGOS EM QUEM CONFIAR!

*Oxê*

|  | |
|---|---|
| 07h | |
| 08h | |
| 09h | |
| 10h | |
| 11h | |
| 12h | |
| 13h | |
| 14h | |
| 15h | |
| 16h | |
| 17h | |
| 18h | |
| 19h | |

**ANOTAÇÕES:**

*Odu Obará* NO ASPECTO *negativo*

<u>ORIXÁ REGENTE:</u> *Xangô*

☾ LUA CRESCENTE

*Lua fora de curso: 08/09 às 09:33h até 09/09 às 01:42h*

*Setembro*

# 09
SEXTA

07h _____
08h _____
09h _____
10h _____
11h _____
12h _____
13h _____
14h _____
15h _____
16h _____
17h _____
18h _____
19h _____

RESPIRE FUNDO E CONFIE: XANGÔ TEM UMA VITÓRIA GUARDADA PARA VOCÊ!

*Obará*

ANOTAÇÕES:

# 10
**SÁBADO**

*Odu Aláfia* NO ASPECTO *negativo*

<u>ORIXÁ REGENTE:</u> *Orunmilá*

O LUA CHEIA
*Lua fora de curso: 10/09 às 21:28h até 11/09 às 03:47h*

*Setembro*

QUE NESSE DIA ORUNMILÁ CUBRA SEU LAR COM CONFIANÇA E ALEGRIAS!

*Aláfia*

|  |
|---|
| 07h |
| 08h |
| 09h |
| 10h |
| 11h |
| 12h |
| 13h |
| 14h |
| 15h |
| 16h |
| 17h |
| 18h |
| 19h |

ANOTAÇÕES:

*Odu Ejionilé* NO ASPECTO *negativo*

<u>ORIXÁ REGENTE:</u> *Oxoguiã*

O LUA CHEIA

*Lua fora de curso: 10/09 às 21:28h até 11/09 às 03:47h*

*Setembro*

# 11

DOMINGO

|  | |
|---|---|
| 07h | |
| 08h | |
| 09h | |
| 10h | |
| 11h | |
| 12h | |
| 13h | |
| 14h | |
| 15h | |
| 16h | |
| 17h | |
| 18h | |
| 19h | |

OXOGUIÃ LHE PERMITA SEGUIR EM FRENTE, POIS A FELICIDADE ESTÁ CHEGANDO!

*Ejionilé*

ANOTAÇÕES:

# 12

**SEGUNDA**

*Odu Ossá* NO ASPECTO *negativo*

<u>ORIXÁ REGENTE:</u> *Iemanjá*

O LUA CHEIA

*Setembro*

NO DIA DE HOJE, AMANHÃ E SEMPRE, QUE IEMANJÁ ABRA OS SEUS CAMINHOS!

*Ossá*

|  |
|---|
| 07h |
| 08h |
| 09h |
| 10h |
| 11h |
| 12h |
| 13h |
| 14h |
| 15h |
| 16h |
| 17h |
| 18h |
| 19h |

ANOTAÇÕES:

*Odu Ofun* NO ASPECTO *negativo*

<u>ORIXÁ REGENTE:</u> *Oxalá*

O LUA CHEIA

*Lua fora de curso: 13/09 às 01:52h até 13/09 às 08:39h*

*Setembro*

# 13
TERÇA

|  | |
|---|---|
| 07h | |
| 08h | |
| 09h | |
| 10h | |
| 11h | |
| 12h | |
| 13h | |
| 14h | |
| 15h | |
| 16h | |
| 17h | |
| 18h | |
| 19h | |

SORRIA... UM NOVO SOL RAIOU! QUE OXALÁ ABENÇOE E PROTEJA O SEU DIA!

*Ofun*

ANOTAÇÕES:

# 14

**QUARTA**

*Odu Ejiokô* NO ASPECTO *positivo*

<u>ORIXÁ REGENTE:</u> *Ogum*

O LUA CHEIA

*Setembro*

NO DIA DE HOJE, AMANHÃ E SEMPRE, QUE OGUM TRAGA A RENOVAÇÃO EM SUA VIDA!

*Ejiokô*

- 07h
- 08h
- 09h
- 10h
- 11h
- 12h
- 13h
- 14h
- 15h
- 16h
- 17h
- 18h
- 19h

ANOTAÇÕES:

*Odu Ogundá* NO ASPECTO *negativo*

<u>Orixá Regente:</u> *Ogum*

## O LUA CHEIA

*Lua fora de curso: 15/09 às 09:58h até 15/09 às 17:16h*

*Setembro*

# 15
QUINTA

- 07h
- 08h
- 09h
- 10h
- 11h
- 12h
- 13h
- 14h
- 15h
- 16h
- 17h
- 18h
- 19h

POR TODO O DIA, AGRADEÇA A OGUM PELAS VITÓRIAS DA VIDA!

*Ogundá*

ANOTAÇÕES:

# 16
**SEXTA**

*Odu Zorossun* NO ASPECTO *positivo*

ORIXÁ REGENTE: *Iemanjá*

○ LUA CHEIA

*Setembro*

BONS CAMINHOS, BOAS CONQUISTAS E BOAS COMPANHIAS: IEMANJÁ LHE PROTEGE!

*Zorossun*

| | |
|---|---|
| | 07h |
| | 08h |
| | 09h |
| | 10h |
| | 11h |
| | 12h |
| | 13h |
| | 14h |
| | 15h |
| | 16h |
| | 17h |
| | 18h |
| | 19h |

ANOTAÇÕES:

*Odu Oxê* no aspecto *negativo*

<u>Orixá Regente:</u> *Oxum*

☽ LUA MINGUANTE

*Lua fora de curso: 17/09 às 18:51h até 18/09 às 04:59h*

*Setembro*

# 17
SÁBADO

- 07h _____
- 08h _____
- 09h _____
- 10h _____
- 11h _____
- 12h _____
- 13h _____
- 14h _____
- 15h _____
- 16h _____
- 17h _____
- 18h _____
- 19h _____

FELICIDADE E PROSPERIDADE: ESSAS SÃO AS PROMESSAS DE OXUM PARA O SEU DIA!

*Oxê*

ANOTAÇÕES:

# 18
**DOMINGO**

*Odu Obará* NO ASPECTO *negativo*

<u>ORIXÁ REGENTE:</u> *Xangô*

☾ LUA MINGUANTE
*Lua fora de curso: 17/09 às 18:51h até 18/09 às 04:59h*

*Setembro*

ACREDITE NA FORÇA QUE HÁ DENTRO DE VOCÊ! XANGÔ ESTÁ NO COMANDO!

*Obará*

|  |
|---|
| 07h |
| 08h |
| 09h |
| 10h |
| 11h |
| 12h |
| 13h |
| 14h |
| 15h |
| 16h |
| 17h |
| 18h |
| 19h |

ANOTAÇÕES:

*Odu Odi* NO ASPECTO *negativo*

<u>ORIXÁ REGENTE:</u> *Ossain*

☽ LUA MINGUANTE

## Setembro

# 19

**SEGUNDA**

07h _____
08h _____
09h _____
10h _____
11h _____
12h _____
13h _____
14h _____
15h _____
16h _____
17h _____
18h _____
19h _____

VOCÊ ESTÁ NO CAMINHO CERTO! QUE OSSAIN GUIE SEUS PASSOS E SUAS DECISÕES!

*Odi*

ANOTAÇÕES:

# 20

**TERÇA**

*Odu Ejíonilé* NO ASPECTO *negativo*

<u>ORIXÁ REGENTE:</u> *Xangô Airá*

☽ LUA MINGUANTE
*Lua fora de curso: 20/09 às 12:56h
até 20/09 às 17:37h*

*Setembro*

APESAR DE TODAS AS INTEMPÉRIES, QUE XANGÔ AIRÁ MULTIPLIQUE SUAS BOAS AÇÕES!

*Ejíonilé*

- 07h
- 08h
- 09h
- 10h
- 11h
- 12h
- 13h
- 14h
- 15h
- 16h
- 17h
- 18h
- 19h

ANOTAÇÕES:

*Odu Ossá* NO ASPECTO *negativo*

<u>ORIXÁ REGENTE:</u> *Iansã*

☽ LUA MINGUANTE

## Setembro

# 21
## QUARTA

Dia da Árvore

|  | |
|---|---|
| 07h | |
| 08h | |
| 09h | |
| 10h | |
| 11h | |
| 12h | |
| 13h | |
| 14h | |
| 15h | |
| 16h | |
| 17h | |
| 18h | |
| 19h | |

POR HOJE, QUE EXU LHE PROVOQUE... E QUE OXALÁ LHE ABENÇOE!

*Ossá*

ANOTAÇÕES:

# 22

**QUINTA**

*Odu Ofun* NO ASPECTO *negativo*

<u>ORIXÁ REGENTE:</u> *Oxalá*

☾ LUA MINGUANTE
*Lua fora de curso: 22/09 às 08:06h até 23/09 às 04:53h*

*Setembro*

Início da Primavera

> NÃO DESISTA! OXALÁ É QUEM GUIA OS SEUS PASSOS PARA O SUCESSO!

*Ofun*

|  |
|------|
| 07h |
| 08h |
| 09h |
| 10h |
| 11h |
| 12h |
| 13h |
| 14h |
| 15h |
| 16h |
| 17h |
| 18h |
| 19h |

ANOTAÇÕES:

*Odu Ejiokô* NO ASPECTO *negativo*

ORIXÁ REGENTE: *Exu*

☽ LUA MINGUANTE

*Lua fora de curso: 22/09 às 08:06h até 23/09 às 04:53h*

# 23
## SEXTA

*Setembro*

Dia de Cosme e Damião / Dia de Ibeji

|  | |
|---|---|
| 07h | |
| 08h | |
| 09h | |
| 10h | |
| 11h | |
| 12h | |
| 13h | |
| 14h | |
| 15h | |
| 16h | |
| 17h | |
| 18h | |
| 19h | |

QUE EXU LHE DÊ FORÇA E CORAGEM PARA VENCER!

*Ejiokô*

ANOTAÇÕES:

# 24

*Odu Ogundá* NO ASPECTO *negativo*

<u>ORIXÁ REGENTE:</u> *Ogum*

☾ LUA MINGUANTE

SÁBADO

*Setembro*

POR HOJE E PELOS DIAS QUE VIRÃO, QUE OGUM LHE ACOLHA EM SEUS BRAÇOS E ABENÇOE SEU DIA!

*Ogundá*

|  | |
|---|---|
| 07h | |
| 08h | |
| 09h | |
| 10h | |
| 11h | |
| 12h | |
| 13h | |
| 14h | |
| 15h | |
| 16h | |
| 17h | |
| 18h | |
| 19h | |

ANOTAÇÕES:

*Odu Zorossun* NO ASPECTO *positivo*

ORIXÁ REGENTE: *Iemanjá*

● LUA NOVA

*Lua fora de curso: 25/09 às 09:49h até 25/09 às 13:42h*

*Setembro*

# 25
DOMINGO

07h _____
08h _____
09h _____
10h _____
11h _____
12h _____
13h _____
14h _____
15h _____
16h _____
17h _____
18h _____
19h _____

ENQUANTO HÁ ESPERANÇA, HÁ UM CAMINHO! QUE IEMANJÁ LHE DÊ FELICIDADE!

*Zorossun*

ANOTAÇÕES:

# 26

**SEGUNDA**

*Odu Oxê* NO ASPECTO *positivo*

<u>ORIXÁ REGENTE:</u> *Oxum*

● LUA NOVA

*Setembro*

AGRADEÇA A CADA SEGUNDO E OBSERVE O PODER DE OXUM TRANSFORMAR SUA VIDA!

*Oxê*

|  | |
|---|---|
| 07h | |
| 08h | |
| 09h | |
| 10h | |
| 11h | |
| 12h | |
| 13h | |
| 14h | |
| 15h | |
| 16h | |
| 17h | |
| 18h | |
| 19h | |

ANOTAÇÕES:

*Odu Obará* NO ASPECTO *negativo*

<u>Orixá Regente:</u> *Xangô*

● LUA NOVA

Lua fora de curso: 27/09 às 13:20h até 27/09 às 20:14h

*Setembro*

# 27

TERÇA

- 07h _____
- 08h _____
- 09h _____
- 10h _____
- 11h _____
- 12h _____
- 13h _____
- 14h _____
- 15h _____
- 16h _____
- 17h _____
- 18h _____
- 19h _____

MEU MAIOR DESEJO? QUE XANGÔ LHE FAÇA CAPAZ DE AGIR E MUDAR O SEU DESTINO!

*Obará*

ANOTAÇÕES:

# 28

**QUARTA**

*Odu Odi* NO ASPECTO *negativo*

<u>ORIXÁ REGENTE:</u> *Omolu*

● LUA NOVA

*Setembro*

> NO DIA DE HOJE, AMANHÃ E SEMPRE, QUE OMOLU LHE DÊ A SABEDORIA DAS BOAS ESCOLHAS!

*Odi*

- 07h
- 08h
- 09h
- 10h
- 11h
- 12h
- 13h
- 14h
- 15h
- 16h
- 17h
- 18h
- 19h

ANOTAÇÕES:

*Odu Ejionilé* NO ASPECTO *negativo*

<u>ORIXÁ REGENTE:</u> *Oxoguiã*

● LUA NOVA

*Lua fora de curso: 29/09 às 18:19h até 30/09 às 01:03h*

# 29
## QUINTA

## Setembro

Dia de São Miguel Arcanjo / Dia de Logunedé

|  | |
|---|---|
| 07h | |
| 08h | |
| 09h | |
| 10h | |
| 11h | |
| 12h | |
| 13h | |
| 14h | |
| 15h | |
| 16h | |
| 17h | |
| 18h | |
| 19h | |

ACALME SEU CORAÇÃO E RECEBA AS BENÇÃOS DE OXOGUIÃ... UM NOVO DIA VAI RAIAR!

*Ejionilé*

ANOTAÇÕES:

# 30

**SEXTA**

*Odu Ossá* NO ASPECTO *negativo*

<u>ORIXÁ REGENTE:</u> *Iemanjá*

● LUA NOVA

*Lua fora de curso: 29/09 às 18:19h até 30/09 às 01:03h*

*Setembro*

Dia de São Jerônimo / Dia de Xangô

**IEMANJÁ LHE PERMITA AMADURECER COM OS DESAFIOS DO DESTINO!**

- 07h
- 08h
- 09h
- 10h
- 11h
- 12h
- 13h
- 14h
- 15h
- 16h
- 17h
- 18h
- 19h

*Ossá*

ANOTAÇÕES:

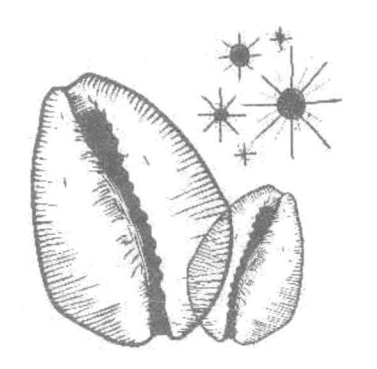

# Outubro

## Odu do mês: Aláfia

*Em paz com o mundo e consigo*

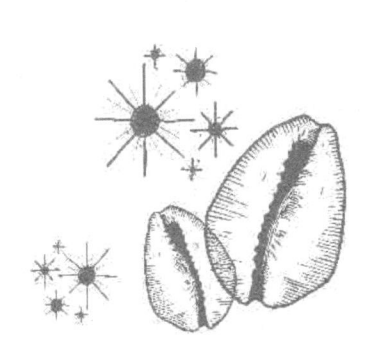

# Previsões para Outubro

O Odu Aláfia, regente deste mês, é o caminho da paz e dos sonhos. Com isso, esse período chega como agente de mudanças e de renovação das esperanças. Assim como o Odu Iká, o Odu Aláfia também determina que os inícios e os fins sempre se (re)encontrem, num movimento de eterno retorno e recomeço temperados com coragem e ímpeto para colocar em prática o que antes ficava apenas no plano das ideias. É o momento de avaliar os passos dados até aqui, celebrar as pequenas e grandes vitórias conquistadas e rever os planos para o futuro, que chegará quer você queira, quer não.

Dessa maneira, se a transformação é inevitável, preparar-se para ela é a chave do sucesso e da felicidade, mantendo sua espiritualidade bem equilibrada. Entenda: paz não é a inexistência de problemas ou dificuldades, mas a capacidade de vencê-las e superá-las com facilidade, obtendo o melhor de cada situação e evoluindo sempre. Por esse motivo, as lições deste mês serão aprendidas quando você responder com sinceridade para si mesma: *o que você precisa para ter paz? E, principalmente, o que você tem feito verdadeiramente para conquistá-la?*

O contraponto negativo do Odu Aláfia é o caos e a desordem – aspectos que devem ser evitados sob todas as formas. Por isso, atenção para não confundir sonhos com fantasias: quem vive de utopia pouco realiza! Para superar esse desafio é importante refletir sobre as orientações dos meses anteriores, buscando a estabilidade e a tranquilidade durante todo o período e favorecendo o sucesso da jornada e os bons presságios para o futuro. Com isso, os Orixás dão sua palavra final: o caminho para uma vida plena e abundante estará aberto àqueles que seguirem em fé e coragem, agindo de maneira consciente e ativa sobre o seu presente.

*Odu Ejionilé* NO ASPECTO *negativo*

ORIXÁ REGENTE: *Oxoguiã*

● LUA NOVA

*Lua fora de curso: 01/10 às 18:46h até 02/10 às 04:37h*

*Outubro*

# 01

SÁBADO

07h _____
08h _____
09h _____
10h _____
11h _____
12h _____
13h _____
14h _____
15h _____
16h _____
17h _____
18h _____
19h _____

RESPIRE FUNDO E CONFIE: OXOGUIÃ TEM UMA VITÓRIA GUARDADA PARA VOCÊ!

*Ejionilé*

ANOTAÇÕES:

# 02

*Odu Ossá* NO ASPECTO *negativo*

<u>ORIXÁ REGENTE:</u> *Obá*

☾ LUA CRESCENTE

**DOMINGO**

*Lua fora de curso: 01/10 às 18:46h até 02/10 às 04:37h*

*Outubro*

Dia do Anjo da Guarda

BONS CAMINHOS, BOAS CONQUISTAS E BOAS COMPANHIAS. OBÁ LHE PROTEGE!

*Ossá*

_____ 07h
_____ 08h
_____ 09h
_____ 10h
_____ 11h
_____ 12h
_____ 13h
_____ 14h
_____ 15h
_____ 16h
_____ 17h
_____ 18h
_____ 19h

ANOTAÇÕES:

*Odu Ofun* NO ASPECTO *positivo*

ORIXÁ REGENTE: *Oxalá*

☾ LUA CRESCENTE

# 03

## *Outubro*

SEGUNDA

| | |
|---|---|
| 07h | |
| 08h | |
| 09h | |
| 10h | |
| 11h | |
| 12h | |
| 13h | |
| 14h | |
| 15h | |
| 16h | |
| 17h | |
| 18h | |
| 19h | |

POR TODO O DIA, AGRADEÇA A OXALÁ PELAS VITÓRIAS DA VIDA!

*Ofun*

ANOTAÇÕES:

# 04

**TERÇA**

*Odu Owarin* NO ASPECTO *negativo*

<u>ORIXÁ REGENTE:</u> *Iansã*

☾ LUA CRESCENTE

*Lua fora de curso: 04/10 às 00:48h até 04/10 às 07:20h*

*Outubro*

Dia da Natureza / Dia de Irôco

IANSÃ LHE PERMITA AMADURECER COM OS DESAFIOS DO DESTINO!

*Owarin*

| | |
|---|---|
| _____ | 07h |
| _____ | 08h |
| _____ | 09h |
| _____ | 10h |
| _____ | 11h |
| _____ | 12h |
| _____ | 13h |
| _____ | 14h |
| _____ | 15h |
| _____ | 16h |
| _____ | 17h |
| _____ | 18h |
| _____ | 19h |

ANOTAÇÕES:

*Odu Ejilaxeborá* NO ASPECTO *negativo*

ORIXÁ REGENTE: *Xangô*

☾ LUA CRESCENTE

*Lua fora de curso: 05/10 às 19:45h até 06/10 às 09:46h*

*Outubro*

# 05
QUARTA

|  | |
|---|---|
| 07h | |
| 08h | |
| 09h | |
| 10h | |
| 11h | |
| 12h | |
| 13h | |
| 14h | |
| 15h | |
| 16h | |
| 17h | |
| 18h | |
| 19h | |

ACEITE SUAS BÊNÇÃOS: QUE XANGÔ LHE PERMITA RENOVAR-SE A CADA MANHÃ!

*Ejilaxeborá*

ANOTAÇÕES:

# 06

**QUINTA**

*Odu Gjiologbon* NO ASPECTO *negativo*

<u>ORIXÁ REGENTE:</u> *Nanã*

☾ LUA CRESCENTE

*Lua fora de curso: 05/10 às 19:45h até 06/10 às 09:46h*

*Outubro*

NANÃ LHE PERMITA SEGUIR EM FRENTE, POIS A FELICIDADE ESTÁ CHEGANDO!

*Gjiologbon*

|  |
|------|
| 07h |
| 08h |
| 09h |
| 10h |
| 11h |
| 12h |
| 13h |
| 14h |
| 15h |
| 16h |
| 17h |
| 18h |
| 19h |

ANOTAÇÕES:

*Odu Iká* NO ASPECTO *positivo*

ORIXÁ REGENTE: *Oxumarê*

☾ LUA CRESCENTE

# 07

*Outubro*

SEXTA

07h _____
08h _____
09h _____
10h _____
11h _____
12h _____
13h _____
14h _____
15h _____
16h _____
17h _____
18h _____
19h _____

POR HOJE E PELOS DIAS QUE VIRÃO, QUE OXUMARÊ LHE ACOLHA EM SEUS BRAÇOS E ABENÇOE SEU DIA!

*Iká*

ANOTAÇÕES:

# 08
**SÁBADO**

*Odu Obeogundá* NO ASPECTO *positivo*

<u>ORIXÁ REGENTE:</u> *Obá*

☾ **LUA CRESCENTE**
*Lua fora de curso: 08/10 às 11:01h até 08/10 às 18:03h*

*Outubro*

MEU MAIOR DESEJO? QUE OBÁ LHE FAÇA CAPAZ DE AGIR E MUDAR O SEU DESTINO!

*Obeogundá*

| | |
|---|---|
| | 07h |
| | 08h |
| | 09h |
| | 10h |
| | 11h |
| | 12h |
| | 13h |
| | 14h |
| | 15h |
| | 16h |
| | 17h |
| | 18h |
| | 19h |

ANOTAÇÕES:

*Odu Aláfia* NO ASPECTO *positivo*

ORIXÁ REGENTE: *Orunmilá*

O LUA CHEIA

*Outubro*

## 09
DOMINGO

|  | |
|---|---|
| 07h | |
| 08h | |
| 09h | |
| 10h | |
| 11h | |
| 12h | |
| 13h | |
| 14h | |
| 15h | |
| 16h | |
| 17h | |
| 18h | |
| 19h | |

ACALME SEU CORAÇÃO E RECEBA AS BENÇÃOS DE ORUNMILÁ... UM NOVO DIA VAI RAIAR!

*Aláfia*

ANOTAÇÕES:

# 10

**SEGUNDA**

*Odu Ejionilé* NO ASPECTO *negativo*

<u>ORIXÁ REGENTE:</u> *Oxoguiã*

O LUA CHEIA

*Outubro*

ACREDITE NA FORÇA QUE HÁ DENTRO DE VOCÊ! OXOGUIÃ ESTÁ NO COMANDO!

*Ejionilé*

_____ 07h
_____ 08h
_____ 09h
_____ 10h
_____ 11h
_____ 12h
_____ 13h
_____ 14h
_____ 15h
_____ 16h
_____ 17h
_____ 18h
_____ 19h

ANOTAÇÕES:

*Odu Ossá* NO ASPECTO *positivo*

<u>ORIXÁ REGENTE:</u> *Obá*

O LUA CHEIA

*Outubro*

# 11

TERÇA

07h _____
08h _____
09h _____
10h _____
11h _____
12h _____
13h _____
14h _____
15h _____
16h _____
17h _____
18h _____
19h _____

AVANTE! OBÁ VAI LHE GUIAR NO CAMINHO DA VERDADE!

*Ossá*

ANOTAÇÕES:

# 12
**QUARTA**

*Odu Ofun* NO ASPECTO *negativo*

<u>Orixá Regente:</u> *Oxalá*

O LUA CHEIA
*Lua fora de curso: 12/10 às 18:41h até 13/10 às 02:07h*

*Outubro*

Dia de Nossa Senhora Aparecida / Dia de Oxum / Dia das Crianças

NÃO HÁ CAMINHOS FECHADOS PARA QUEM TEM FÉ! CONFIE EM OXALÁ!

*Ofun*

| | |
|---|---|
| | 07h |
| | 08h |
| | 09h |
| | 10h |
| | 11h |
| | 12h |
| | 13h |
| | 14h |
| | 15h |
| | 16h |
| | 17h |
| | 18h |
| | 19h |

ANOTAÇÕES:

## Outubro

**Odu Owarin** NO ASPECTO *negativo*

<u>ORIXÁ REGENTE:</u> *Iansã*

O LUA CHEIA

*Lua fora de curso: 12/10 às 18:41h até 13/10 às 02:07h*

# 13
QUINTA

- 07h _____
- 08h _____
- 09h _____
- 10h _____
- 11h _____
- 12h _____
- 13h _____
- 14h _____
- 15h _____
- 16h _____
- 17h _____
- 18h _____
- 19h _____

*NO DIA DE HOJE, AMANHÃ E SEMPRE, QUE IANSÃ TRAGA A RENOVAÇÃO EM SUA VIDA!*

*Owarin*

ANOTAÇÕES:

# 14

*Odu Ejilaxeborá* NO ASPECTO *positivo*

ORIXÁ REGENTE: *Xangô*

O LUA CHEIA

SEXTA

*Outubro*

SORRIA... UM NOVO SOL RAIOU! QUE XANGÔ ABENÇOE E PROTEJA O SEU DIA!

*Ejilaxeborá*

- 07h
- 08h
- 09h
- 10h
- 11h
- 12h
- 13h
- 14h
- 15h
- 16h
- 17h
- 18h
- 19h

ANOTAÇÕES:

*Odu Ojiologbon* NO ASPECTO *negativo*

**ORIXÁ REGENTE:** *Nanã*

## Outubro

## O LUA CHEIA

*Lua fora de curso: 15/10 às 01:10h até 15/10 às 13:10h*

# 15

SÁBADO

Dia do Professor

07h _____
08h _____
09h _____
10h _____
11h _____
12h _____
13h _____
14h _____
15h _____
16h _____
17h _____
18h _____
19h _____

*NÃO DESEJE O MAL... DEIXE QUE NANÃ LHE PROTEJA DAS MÁS INFLUÊNCIAS!*

*Ojiologbon*

ANOTAÇÕES:

# 16

**DOMINGO**

*Odu Iká* NO ASPECTO *positivo*

ORIXÁ REGENTE: *Iyewá*

O LUA CHEIA

*Outubro*

| | |
|---|---|
| | 07h |
| | 08h |
| | 09h |
| | 10h |
| | 11h |
| | 12h |
| | 13h |
| | 14h |
| | 15h |
| | 16h |
| | 17h |
| | 18h |
| | 19h |

NÃO DESISTA! IYEWÁ É QUEM GUIA OS SEUS PASSOS PARA O SUCESSO!

*Iká*

**ANOTAÇÕES:**

*Odu Obeogundá* no aspecto *negativo*

<u>Orixá Regente:</u> *Obá*

☾ LUA MINGUANTE

*Lua fora de curso: 17/10 às 17:56h até 18/10 às 01:44h*

*Outubro*

**17**

SEGUNDA

|  | |
|---|---|
| 07h | _____ |
| 08h | _____ |
| 09h | _____ |
| 10h | _____ |
| 11h | _____ |
| 12h | _____ |
| 13h | _____ |
| 14h | _____ |
| 15h | _____ |
| 16h | _____ |
| 17h | _____ |
| 18h | _____ |
| 19h | _____ |

POR HOJE E SEMPRE, OBÁ LHE DÊ BONS AMIGOS EM QUEM CONFIAR!

*Obeogundá*

ANOTAÇÕES:

# 18
**TERÇA**

*Odu Aláfia* NO ASPECTO *negativo*

ORIXÁ REGENTE: *Orunmilá*

☽ LUA MINGUANTE
*Lua fora de curso: 17/10 às 17:56h até 18/10 às 01:44h*

*Outubro*

NO DIA DE HOJE, AMANHÃ E SEMPRE, QUE ORUNMILÁ LHE DÊ A SABEDORIA DAS BOAS ESCOLHAS!

*Aláfia*

|  | |
|---|---|
| 07h | |
| 08h | |
| 09h | |
| 10h | |
| 11h | |
| 12h | |
| 13h | |
| 14h | |
| 15h | |
| 16h | |
| 17h | |
| 18h | |
| 19h | |

ANOTAÇÕES:

*Odu Ejionilé* NO ASPECTO *negativo*

<u>ORIXÁ REGENTE:</u> *Xangô Airá*

☽ LUA MINGUANTE

# 19

## Outubro

QUARTA

|  | |
|---|---|
| 07h | |
| 08h | |
| 09h | |
| 10h | |
| 11h | |
| 12h | |
| 13h | |
| 14h | |
| 15h | |
| 16h | |
| 17h | |
| 18h | |
| 19h | |

FELICIDADE E PROSPERIDADE: ESSAS SÃO AS PROMESSAS DE XANGÔ AIRÁ PARA O SEU DIA!

*Ejionilé*

ANOTAÇÕES:

# 20

**QUINTA**

*Odu Ossá* NO ASPECTO *negativo*

<u>ORIXÁ REGENTE:</u> *Iansã*

☾ LUA MINGUANTE
*Lua fora de curso: 20/10 às 07:35h até 20/10 às 13:25h*

*Outubro*

POR HOJE, QUE EXU LHE PROVOQUE... E QUE OXALÁ LHE ABENÇOE!

*Ossá*

_____ 07h
_____ 08h
_____ 09h
_____ 10h
_____ 11h
_____ 12h
_____ 13h
_____ 14h
_____ 15h
_____ 16h
_____ 17h
_____ 18h
_____ 19h

ANOTAÇÕES:

*Odu Ofun* NO ASPECTO *negativo*

<u>ORIXÁ REGENTE:</u> *Oxalá*

☽ LUA MINGUANTE

## *Outubro*

# 21

SEXTA

|  | |
|---|---|
| 07h | |
| 08h | |
| 09h | |
| 10h | |
| 11h | |
| 12h | |
| 13h | |
| 14h | |
| 15h | |
| 16h | |
| 17h | |
| 18h | |
| 19h | |

VOCÊ ESTÁ NO CAMINHO CERTO! QUE OXALÁ GUIE SEUS PASSOS E SUAS DECISÕES!

*Ofun*

ANOTAÇÕES:

# 22

**SÁBADO**

*Odu Owarín* NO ASPECTO *negativo*

<u>ORIXÁ REGENTE:</u> *Iansã*

☽ LUA MINGUANTE
*Lua fora de curso: 227/10 às 15:17h
até 22/10 às 22:23h*

*Outubro*

ABRA O CORAÇÃO E PERMITA QUE IANSÃ LHE TRAGA EQUILÍBRIO E SENSATEZ NAS SUAS ESCOLHAS!

*Owarín*

| | |
|---|---|
| _____ | 07h |
| _____ | 08h |
| _____ | 09h |
| _____ | 10h |
| _____ | 11h |
| _____ | 12h |
| _____ | 13h |
| _____ | 14h |
| _____ | 15h |
| _____ | 16h |
| _____ | 17h |
| _____ | 18h |
| _____ | 19h |

ANOTAÇÕES:

*Odu Ejilaxeborá* NO ASPECTO *negativo*

<u>ORIXÁ REGENTE:</u> *Xangô*

☾ LUA MINGUANTE

# 23

*Outubro*

DOMINGO

|  | |
|---|---|
| 07h | |
| 08h | |
| 09h | |
| 10h | |
| 11h | |
| 12h | |
| 13h | |
| 14h | |
| 15h | |
| 16h | |
| 17h | |
| 18h | |
| 19h | |

APESAR DE TODAS AS INTEMPÉRIES, QUE XANGÔ MULTIPLIQUE SUAS BOAS AÇÕES!

*Ejilaxeborá*

ANOTAÇÕES:

# 24
**SEGUNDA**

*Odu Ojiologbon* NO ASPECTO *negativo*

<u>ORIXÁ REGENTE:</u> *Nanã*

☾ **LUA MINGUANTE**
*Lua fora de curso: 24/10 às 21:35h até 25/10 às 04:18h*

*Outubro*

ENQUANTO HÁ ESPERANÇA, HÁ UM CAMINHO! QUE NANÃ LHE DÊ FELICIDADE!

*Ojiologbon*

- 07h
- 08h
- 09h
- 10h
- 11h
- 12h
- 13h
- 14h
- 15h
- 16h
- 17h
- 18h
- 19h

ANOTAÇÕES:

## Outubro

**25 — TERÇA**

*Odu Iká* NO ASPECTO *negativo*

ORIXÁ REGENTE: *Iyewá*

● LUA NOVA

*Lua fora de curso: 24/10 às 21:35h até 25/10 às 04:18h*

|  | |
|---|---|
| 07h | |
| 08h | |
| 09h | |
| 10h | |
| 11h | |
| 12h | |
| 13h | |
| 14h | |
| 15h | |
| 16h | |
| 17h | |
| 18h | |
| 19h | |

VOCÊ É CAPAZ DE SUPERAR TODOS OS DESAFIOS! CONFIE EM IYEWÁ!

*Iká*

ANOTAÇÕES:

# 26

**QUARTA**

*Odu Obeogundá* NO ASPECTO *negativo*

<u>ORIXÁ REGENTE:</u> *Obá*

● LUA NOVA

*Outubro*

*No dia de hoje, amanhã e sempre, que Obá abra os seus caminhos!*

*Obeogundá*

_____ 07h
_____ 08h
_____ 09h
_____ 10h
_____ 11h
_____ 12h
_____ 13h
_____ 14h
_____ 15h
_____ 16h
_____ 17h
_____ 18h
_____ 19h

ANOTAÇÕES:

*Odu Aláfia* NO ASPECTO *negativo*

ORIXÁ REGENTE: *Orunmilá*

● LUA NOVA

*Lua fora de curso: 27/10 às 01:27h até 27/10 às 07:54h*

## Outubro

# 27
## QUINTA

|  | |
|---|---|
| 07h | |
| 08h | |
| 09h | |
| 10h | |
| 11h | |
| 12h | |
| 13h | |
| 14h | |
| 15h | |
| 16h | |
| 17h | |
| 18h | |
| 19h | |

AGRADEÇA A CADA SEGUNDO E OBSERVE O PODER DE ORUNMILÁ TRANSFORMAR SUA VIDA!

*Aláfia*

ANOTAÇÕES:

# 28

**SEXTA**

*Odu Ejiogbê* NO ASPECTO *positivo*

ORIXÁ REGENTE: *Oxoguiã*

● LUA NOVA

*Outubro*

QUE OXOGUIÃ ABRA OS SEUS CAMINHOS PARA A VITÓRIA E A FELICIDADE!

- 07h
- 08h
- 09h
- 10h
- 11h
- 12h
- 13h
- 14h
- 15h
- 16h
- 17h
- 18h
- 19h

*Ejiogbê*

ANOTAÇÕES:

*Odu Ossá* NO ASPECTO *negativo*

<u>ORIXÁ REGENTE:</u> *Iansã*

● LUA NOVA

*Lua fora de curso: 29/10 às 10:09h até 29/10 às 10:21h*

## 29
### SÁBADO

*Outubro*

Dia Nacional do Livro

|  | |
|---|---|
| 07h | |
| 08h | |
| 09h | |
| 10h | |
| 11h | |
| 12h | |
| 13h | |
| 14h | |
| 15h | |
| 16h | |
| 17h | |
| 18h | |
| 19h | |

QUE IANSÃ LHE DÊ FORÇA E CORAGEM PARA VENCER!

*Ossá*

ANOTAÇÕES:

# 30

*Odu Ofun* NO ASPECTO *negativo*

<u>ORIXÁ REGENTE:</u> *Oxalá*

● LUA NOVA

DOMINGO

*Outubro*

QUE NESSE DIA OXALÁ CUBRA SEU LAR COM CONFIANÇA E ALEGRIAS!

*Ofun*

- 07h
- 08h
- 09h
- 10h
- 11h
- 12h
- 13h
- 14h
- 15h
- 16h
- 17h
- 18h
- 19h

ANOTAÇÕES:

*Odu Owarin* NO ASPECTO *negativo*

ORIXÁ REGENTE: *Iansã*

● LUA NOVA

## Outubro

# 31

SEGUNDA

07h _____
08h _____
09h _____
10h _____
11h _____
12h _____
13h _____
14h _____
15h _____
16h _____
17h _____
18h _____
19h _____

FÉ ACIMA DE TUDO E APESAR DE TUDO, IANSÃ É POR VOCÊ!

*Owarin*

ANOTAÇÕES:

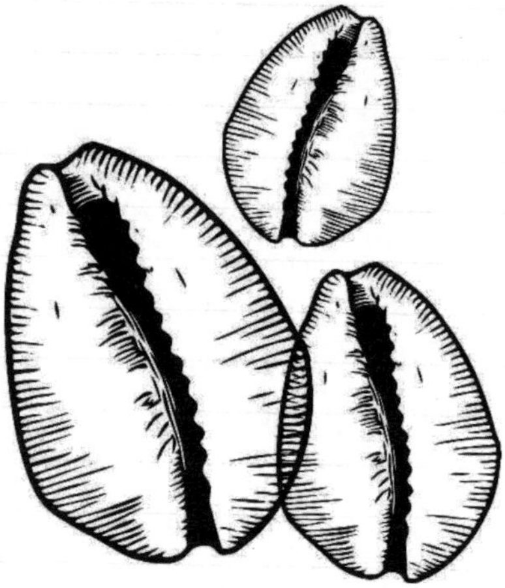

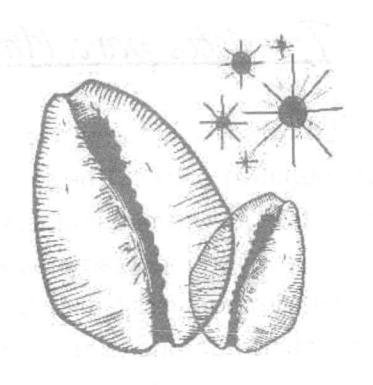

# Novembro

## Odu do mês: Ejiogbê

*O impossível é apenas questão de opinião*

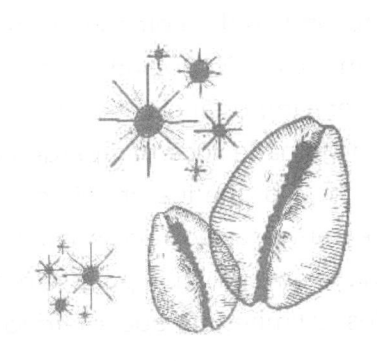

# Previsões para Novembro

Se no início do ano tivemos a regência de Ejionilé, aspecto negativo, no mês que se aproxima o mesmo Caminho se apresenta, agora como Ejiogbê, seu aspecto positivo e portador de grandes prenúncios àqueles e àquelas que confiam no poder transformador dos Orixás! Com isso, mais que em qualquer outro período do ano, é chegado o momento de observar os sinais do seu caminho, pois eles indicarão o caminho correto para seguir e deixar ir.

A regência do Odu Ejiogbê afirma que todas as expectativas serão superadas com excelência e o mês promete ser um período de grandes conquistas e realização de seus objetivos práticos e materiais. Dessa maneira, o estudo, o planejamento e a estratégia são fundamentais para o sucesso daquilo que você deseja empreender em todos os aspectos da sua vida: pessoal, profissional ou amorosa. O estabelecimento de metas realizáveis, que levem à conquista dos seus sonhos, é a regra para o sucesso nesse período. Cada vitória deve ser comemorada como se fossem a única – sem, porém, perder de vista que o horizonte à sua frente é tremendo, assim como seus desejos e sua capacidade de realização. Como numa corrente de ganhos e conquistas, cada uma delas é um elo que lhe guiará à próxima vitória!

Entretanto, pela inevitável presença do aspecto negativo deste Odu, os desafetos se mostrarão mais claramente e os falsos amigos serão revelados. Nesse sentido, é fundamental reconhecer a importância dessas revelações, percebendo que ao final da jornada você não perdeu absolutamente nada ao se livrar daquilo que lhe era tóxico. O sucesso e a superação das expectativas estão relacionados diretamente à realização da verdade em sua vida – por isso mesmo Ejiogbê forçará e testará todos os limites até que a verdade prevaleça!.

*Odu Ossá* NO ASPECTO *positivo*

<u>ORIXÁ REGENTE:</u> *Iansã*

☾ LUA CRESCENTE

*Novembro*

# 01

TERÇA

Dia de Todos os Santos

|  | |
|---|---|
| 07h | |
| 08h | |
| 09h | |
| 10h | |
| 11h | |
| 12h | |
| 13h | |
| 14h | |
| 15h | |
| 16h | |
| 17h | |
| 18h | |
| 19h | |

NO DIA DE HOJE, AMANHÃ E SEMPRE, QUE IANSÃ ABRA OS SEUS CAMINHOS!

*Ossá*

ANOTAÇÕES:

# 02
**QUARTA**

*Odu Ofun* NO ASPECTO *negativo*

<u>ORIXÁ REGENTE:</u> *Oxalá*

☾ LUA CRESCENTE

*Lua fora de curso: 02/11 às 08:08h até 02/11 às 15:46h*

*Novembro*

Dia de Finados

> ACREDITE NA FORÇA QUE HÁ DENTRO DE VOCÊ! OXALÁ ESTÁ NO COMANDO!

*Ofun*

| | |
|---|---|
| | 07h |
| | 08h |
| | 09h |
| | 10h |
| | 11h |
| | 12h |
| | 13h |
| | 14h |
| | 15h |
| | 16h |
| | 17h |
| | 18h |
| | 19h |

ANOTAÇÕES:

*Odu Owarin* NO ASPECTO *positivo*

ORIXÁ REGENTE: *Iansã*

☾ LUA CRESCENTE

# 03

## Novembro

QUINTA

- 07h _____
- 08h _____
- 09h _____
- 10h _____
- 11h _____
- 12h _____
- 13h _____
- 14h _____
- 15h _____
- 16h _____
- 17h _____
- 18h _____
- 19h _____

SORRIA... UM NOVO SOL RAIOU! QUE IANSÃ ABENÇOE E PROTEJA O SEU DIA!

*Owarin*

ANOTAÇÕES:

# 04
**SEXTA**

*Odu Ejilaxeborá* NO ASPECTO *positivo*

<u>ORIXÁ REGENTE:</u> *Xangô*

☾ LUA CRESCENTE

*Lua fora de curso: 04/11 às 19:05 até 04/11 às 20:06h*

*Novembro*

RESPIRE FUNDO E CONFIE: XANGÔ TEM UMA VITÓRIA GUARDADA PARA VOCÊ!

*Ejilaxeborá*

|  | |
|---|---|
| 07h | _____ |
| 08h | _____ |
| 09h | _____ |
| 10h | _____ |
| 11h | _____ |
| 12h | _____ |
| 13h | _____ |
| 14h | _____ |
| 15h | _____ |
| 16h | _____ |
| 17h | _____ |
| 18h | _____ |
| 19h | _____ |

ANOTAÇÕES:

*Odu Ojíologbon* NO ASPECTO *positivo*

<u>ORIXÁ REGENTE:</u> *Nanã*

☾ LUA CRESCENTE

# 05

*Novembro*  SÁBADO

|  | |
|---|---|
| 07h | |
| 08h | |
| 09h | |
| 10h | |
| 11h | |
| 12h | |
| 13h | |
| 14h | |
| 15h | |
| 16h | |
| 17h | |
| 18h | |
| 19h | |

ACALME SEU CORAÇÃO E RECEBA AS BENÇÃOS DE NANÃ... UM NOVO DIA VAI RAIAR!

*Ojíologbon*

ANOTAÇÕES:

# 06
**DOMINGO**

*Odu Iká* NO ASPECTO *negativo*

ORIXÁ REGENTE: *Iyewá*

☾ LUA CRESCENTE

Lua fora de curso: 06/11 às 19:29h
até 07/11 às 02:14h

*Novembro*

NÃO HÁ CAMINHOS FECHADOS PARA QUEM TEM FÉ! CONFIE EM IYEWÁ!

*Iká*

|  |
|------|
| 07h |
| 08h |
| 09h |
| 10h |
| 11h |
| 12h |
| 13h |
| 14h |
| 15h |
| 16h |
| 17h |
| 18h |
| 19h |

ANOTAÇÕES:

*Odu Obeogundá* NO ASPECTO *negativo*

ORIXÁ REGENTE: *Obá*

☾ LUA CRESCENTE

*Lua fora de curso: 06/11 às 19:29h até 07/11 às 02:14h*

*Novembro*

# 07

SEGUNDA

| | |
|---|---|
| 07h | |
| 08h | |
| 09h | |
| 10h | |
| 11h | |
| 12h | |
| 13h | |
| 14h | |
| 15h | |
| 16h | |
| 17h | |
| 18h | |
| 19h | |

QUE OBÁ ABRA OS SEUS CAMINHOS PARA A VITÓRIA E A FELICIDADE!

*Obeogundá*

ANOTAÇÕES:

# 08

*Odu Aláfia* NO ASPECTO *positivo*

<u>ORIXÁ REGENTE:</u> *Orunmilá*

O LUA CHEIA

**TERÇA**

*Novembro*

> POR HOJE E PELOS DIAS QUE VIRÃO, QUE ORUNMILÁ LHE ACOLHA EM SEUS BRAÇOS E ABENÇOE SEU DIA!

*Aláfia*

- 07h
- 08h
- 09h
- 10h
- 11h
- 12h
- 13h
- 14h
- 15h
- 16h
- 17h
- 18h
- 19h

ANOTAÇÕES:

*Odu Ejiogbê* NO ASPECTO *positivo*

ORIXÁ REGENTE: *Xangô Airá*

# 09
## Novembro
### QUARTA

O LUA CHEIA

*Lua fora de curso: 09/11 às 07:28h até 09/11 às 10:36h*

|  | |
|------|---|
| 07h | |
| 08h | |
| 09h | |
| 10h | |
| 11h | |
| 12h | |
| 13h | |
| 14h | |
| 15h | |
| 16h | |
| 17h | |
| 18h | |
| 19h | |

XANGÔ AIRÁ LHE PERMITA AMADURECER COM OS DESAFIOS DO DESTINO!

*Ejiogbê*

ANOTAÇÕES:

# 10

**QUINTA**

*Odu Ossá* NO ASPECTO *positivo*

<u>ORIXÁ REGENTE:</u> *Iansã*

O LUA CHEIA

*Novembro*

| | |
|---|---|
| | 07h |
| | 08h |
| | 09h |
| | 10h |
| | 11h |
| | 12h |
| | 13h |
| | 14h |
| | 15h |
| | 16h |
| | 17h |
| | 18h |
| | 19h |

Por hoje e sempre, Iansã lhe dê bons amigos em quem confiar!

*Ossá*

ANOTAÇÕES:

*Odu Ofun* NO ASPECTO *positivo*

<u>ORIXÁ REGENTE:</u> *Oxalá*

O LUA CHEIA

*Lua fora de curso: 11/11 às 19:28h até 11/11 às 21:22h*

## Novembro

# 11
SEXTA

- 07h _____
- 08h _____
- 09h _____
- 10h _____
- 11h _____
- 12h _____
- 13h _____
- 14h _____
- 15h _____
- 16h _____
- 17h _____
- 18h _____
- 19h _____

NÃO DESEJE O MAL... DEIXE QUE OXALÁ LHE PROTEJA DAS MÁS INFLUÊNCIAS!

*Ofun*

ANOTAÇÕES:

# 12
**SÁBADO**

*Odu Owarin* NO ASPECTO *positivo*

<u>ORIXÁ REGENTE:</u> *Iansã*

O LUA CHEIA

*Novembro*

VOCÊ ESTÁ NO CAMINHO CERTO! QUE IANSÃ GUIE SEUS PASSOS E SUAS DECISÕES!

*Owarin*

|  | |
|---|---|
| 07h | |
| 08h | |
| 09h | |
| 10h | |
| 11h | |
| 12h | |
| 13h | |
| 14h | |
| 15h | |
| 16h | |
| 17h | |
| 18h | |
| 19h | |

ANOTAÇÕES:

*Odu Ejilaxeborá* NO ASPECTO *positivo*

<u>ORIXÁ REGENTE:</u> *Xangô*

O LUA CHEIA

## Novembro

# 13

**DOMINGO**

| | |
|---|---|
| 07h | |
| 08h | |
| 09h | |
| 10h | |
| 11h | |
| 12h | |
| 13h | |
| 14h | |
| 15h | |
| 16h | |
| 17h | |
| 18h | |
| 19h | |

POR TODO O DIA, AGRADEÇA A XANGÔ PELAS VITÓRIAS DA VIDA!

*Ejilaxeborá*

ANOTAÇÕES:

# 14
**SEGUNDA**

*Odu Ojiologbon* NO ASPECTO *positivo*

<u>ORIXÁ REGENTE:</u> *Nanã*

O LUA CHEIA
*Lua fora de curso: 14/11 às 07:40h até 14/11 às 09:47h*

*Novembro*

MEU MAIOR DESEJO? QUE NANÃ LHE FAÇA CAPAZ DE AGIR E MUDAR O SEU DESTINO!

*Ojiologbon*

- 07h
- 08h
- 09h
- 10h
- 11h
- 12h
- 13h
- 14h
- 15h
- 16h
- 17h
- 18h
- 19h

ANOTAÇÕES:

*Odu Iká* NO ASPECTO *positivo*

ORIXÁ REGENTE: *Iyewá*

O LUA CHEIA

*Novembro*

# 15

TERÇA

Proclamação da República / Dia Nacional da Umbanda

|  | |
|---|---|
| 07h | |
| 08h | |
| 09h | |
| 10h | |
| 11h | |
| 12h | |
| 13h | |
| 14h | |
| 15h | |
| 16h | |
| 17h | |
| 18h | |
| 19h | |

QUE IYEWÁ LHE DÊ FORÇA E CORAGEM PARA VENCER!

*Iká*

ANOTAÇÕES:

# 16
**QUARTA**

*Odu Obeogundá* NO ASPECTO *negativo*

ORIXÁ REGENTE: *Obá*

☾ LUA MINGUANTE
*Lua fora de curso: 16/11 às 20:55h até 16/11 às 22:03h*

*Novembro*

QUE NESSE DIA OBÁ CUBRA SEU LAR COM CONFIANÇA E ALEGRIAS!

*Obeogundá*

- 07h
- 08h
- 09h
- 10h
- 11h
- 12h
- 13h
- 14h
- 15h
- 16h
- 17h
- 18h
- 19h

ANOTAÇÕES:

*Odu Aláfia* NO ASPECTO *negativo*

<u>ORIXÁ REGENTE:</u> *Orunmilá*

☽ LUA MINGUANTE

# 17

*Novembro*

QUINTA

|  | |
|---|---|
| 07h | _____ |
| 08h | _____ |
| 09h | _____ |
| 10h | _____ |
| 11h | _____ |
| 12h | _____ |
| 13h | _____ |
| 14h | _____ |
| 15h | _____ |
| 16h | _____ |
| 17h | _____ |
| 18h | _____ |
| 19h | _____ |

ENQUANTO HÁ ESPERANÇA, HÁ UM CAMINHO! QUE ORUNMILÁ LHE DÊ FELICIDADE!

*Aláfia*

ANOTAÇÕES:

# 18

**SEXTA**

*Odu Ejionilé* NO ASPECTO *negativo*

ORIXÁ REGENTE: *Oxoguiã*

☽ LUA MINGUANTE

*Novembro*

AVANTE! OXOGUIÃ VAI LHE GUIAR NO CAMINHO DA VERDADE!

*Ejionilé*

| | |
|---|---|
| | 07h |
| | 08h |
| | 09h |
| | 10h |
| | 11h |
| | 12h |
| | 13h |
| | 14h |
| | 15h |
| | 16h |
| | 17h |
| | 18h |
| | 19h |

ANOTAÇÕES:

*Odu Ossá* NO ASPECTO *negativo*

ORIXÁ REGENTE: *Iansã*

☽ LUA MINGUANTE

*Lua fora de curso: 19/11 às 05:46h até 19/11 às 07:57h*

*Novembro*

# 19

SÁBADO

07h _____
08h _____
09h _____
10h _____
11h _____
12h _____
13h _____
14h _____
15h _____
16h _____
17h _____
18h _____
19h _____

VOCÊ É CAPAZ DE SUPERAR TODOS OS DESAFIOS! CONFIE EM IANSÃ!

*Ossá*

ANOTAÇÕES:

# 20

*Odu Ofun* NO ASPECTO *negativo*

<u>ORIXÁ REGENTE:</u> *Oxalá*

☾ LUA MINGUANTE

## DOMINGO

*Novembro*

Dia da Consciência Negra

**BONS CAMINHOS, BOAS CONQUISTAS E BOAS COMPANHIAS. OXALÁ LHE PROTEGE!**

*Ofun*

- 07h
- 08h
- 09h
- 10h
- 11h
- 12h
- 13h
- 14h
- 15h
- 16h
- 17h
- 18h
- 19h

ANOTAÇÕES:

*Odu Owarin* NO ASPECTO *negativo*

ORIXÁ REGENTE: *Iansã*

☾ LUA MINGUANTE

*Lua fora de curso: 21/11 às 08:14h até 21/11 às 14:15h*

*Novembro*

# 21
SEGUNDA

- 07h _____
- 08h _____
- 09h _____
- 10h _____
- 11h _____
- 12h _____
- 13h _____
- 14h _____
- 15h _____
- 16h _____
- 17h _____
- 18h _____
- 19h _____

POR HOJE, QUE EXU LHE PROVOQUE... E QUE OXALÁ LHE ABENÇOE!

*Owarin*

ANOTAÇÕES:

# 22

*Odu Ejilaxeborá* NO ASPECTO *negativo*

<u>Orixá Regente:</u> *Xangô*

☾ LUA MINGUANTE

**TERÇA**

*Novembro*

FÉ ACIMA DE TUDO E APESAR DE TUDO, XANGÔ É POR VOCÊ!

*Ejilaxeborá*

- _____ 07h
- _____ 08h
- _____ 09h
- _____ 10h
- _____ 11h
- _____ 12h
- _____ 13h
- _____ 14h
- _____ 15h
- _____ 16h
- _____ 17h
- _____ 18h
- _____ 19h

ANOTAÇÕES:

*Odu Ejiologbon* NO ASPECTO *negativo*

<u>ORIXÁ REGENTE:</u> *Nanã*

● LUA NOVA

*Lua fora de curso: 23/11 às 15:15h até 23/11 às 17:15h*

# 23
## QUARTA

*Novembro*

07h _____
08h _____
09h _____
10h _____
11h _____
12h _____
13h _____
14h _____
15h _____
16h _____
17h _____
18h _____
19h _____

FELICIDADE E PROSPERIDADE: ESSAS SÃO AS PROMESSAS DE NANÃ PARA O SEU DIA!

*Ejiologbon*

ANOTAÇÕES:

# 24

*Odu Iká* NO ASPECTO *positivo*

<u>ORIXÁ REGENTE:</u> *Oxumarê*

● LUA NOVA

QUINTA

*Novembro*

OXUMARÊ LHE PERMITA SEGUIR EM FRENTE, POIS A FELICIDADE ESTÁ CHEGANDO!

*Iká*

- 07h
- 08h
- 09h
- 10h
- 11h
- 12h
- 13h
- 14h
- 15h
- 16h
- 17h
- 18h
- 19h

ANOTAÇÕES:

*Odu Obeogundá* NO ASPECTO *negativo*

<u>ORIXÁ REGENTE:</u> *Obá*

● LUA NOVA

*Lua fora de curso: 25/11 às 16:21h até 25/11 às 18:18h*

# 25
## SEXTA

*Novembro*

Dia Nacional da Baiana de Acarajé

- 07h _____
- 08h _____
- 09h _____
- 10h _____
- 11h _____
- 12h _____
- 13h _____
- 14h _____
- 15h _____
- 16h _____
- 17h _____
- 18h _____
- 19h _____

NO DIA DE HOJE, AMANHÃ E SEMPRE, QUE OBÁ LHE DÊ A SABEDORIA DAS BOAS ESCOLHAS!

*Obeogundá*

ANOTAÇÕES:

# 26

**SÁBADO**

*Odu Aláfia* NO ASPECTO *positivo*

<u>ORIXÁ REGENTE:</u> *Orunmilá*

● LUA NOVA

*Novembro*

AGRADEÇA A CADA SEGUNDO E OBSERVE O PODER DE ORUNMILÁ TRANSFORMAR SUA VIDA!

| | |
|---|---|
| _____ | 07h |
| _____ | 08h |
| _____ | 09h |
| _____ | 10h |
| _____ | 11h |
| _____ | 12h |
| _____ | 13h |
| _____ | 14h |
| _____ | 15h |
| _____ | 16h |
| _____ | 17h |
| _____ | 18h |
| _____ | 19h |

*Aláfia*

ANOTAÇÕES:

*Odu Èjìogbê* NO ASPECTO *positivo*

ORIXÁ REGENTE: *Xangô Airá*

● LUA NOVA

*Lua fora de curso: 27/11 às 17:11h até 27/11 às 19:06h*

*Novembro*

# 27
DOMINGO

- 07h _____
- 08h _____
- 09h _____
- 10h _____
- 11h _____
- 12h _____
- 13h _____
- 14h _____
- 15h _____
- 16h _____
- 17h _____
- 18h _____
- 19h _____

APESAR DE TODAS AS INTEMPÉRIES, QUE XANGÔ AIRÁ MULTIPLIQUE SUAS BOAS AÇÕES!

*Èjìogbê*

ANOTAÇÕES:

# 28

*Odu Ossá* NO ASPECTO *negativo*

<u>ORIXÁ REGENTE:</u> *Obá*

● LUA NOVA

SEGUNDA

*Novembro*

NO DIA DE HOJE, AMANHÃ E SEMPRE, QUE OBÁ TRAGA A RENOVAÇÃO EM SUA VIDA!

*Ossá*

- 07h
- 08h
- 09h
- 10h
- 11h
- 12h
- 13h
- 14h
- 15h
- 16h
- 17h
- 18h
- 19h

ANOTAÇÕES:

*Odu Ofun* NO ASPECTO *negativo*

<u>ORIXÁ REGENTE:</u> *Oxalá*

● LUA NOVA

*Lua fora de curso: 29/11 às 03:53h até 29/11 às 21:15h*

## *Novembro*

# 29
### TERÇA

07h _____
08h _____
09h _____
10h _____
11h _____
12h _____
13h _____
14h _____
15h _____
16h _____
17h _____
18h _____
19h _____

ACEITE SUAS BÊNÇÃOS: QUE OXALÁ LHE PERMITA RENOVAR-SE A CADA MANHÃ!

*Ofun*

ANOTAÇÕES:

# 30

*Odu Owarín* NO ASPECTO *negativo*

ORIXÁ REGENTE: *Iansã*

☾ LUA CRESCENTE

QUARTA

*Novembro*

**NÃO DESISTA! IANSÃ É QUEM GUIA OS SEUS PASSOS PARA O SUCESSO!**

*Owarín*

|  |
|---|
| 07h |
| 08h |
| 09h |
| 10h |
| 11h |
| 12h |
| 13h |
| 14h |
| 15h |
| 16h |
| 17h |
| 18h |
| 19h |

ANOTAÇÕES:

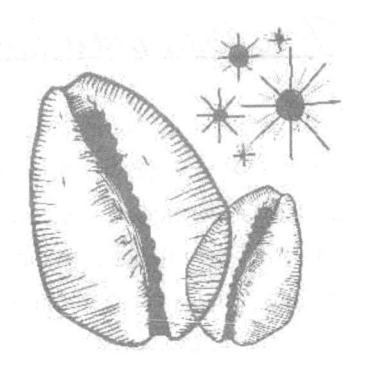

# Dezembro

## Odu do mês: Ossá

*A felicidade vem a quem assume seu destino*

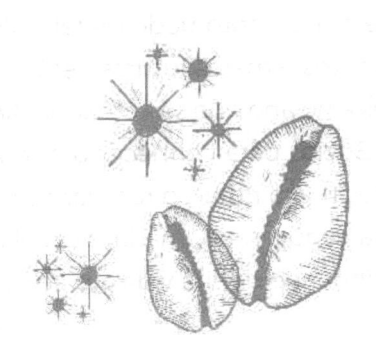

# Previsões para Dezembro

O fim do ano se aproxima e as esperanças se renovam para o futuro. Também pudera! A regência do Odu Ossá, caminho de transformações e vitórias, justamente no período em que celebramos o fim e reinício de um grande ciclo, prenuncia a vitória e a felicidade para quem soube perceber os sinais do Universo no ano que passou e, a partir deles, se percebeu capaz de transformar o mundo ao seu redor a partir do seu coração.

Ao olhar para trás e observar a velocidade e a intensidade das situações vividas até aqui, a sensação é de ter vivido 10 anos em apenas um. Agora, porém, não é o momento de parar! Ao contrário, o mês promete ser intenso e as sementes plantadas nesse período germinarão muito em breve. Para que você seja capaz de alcançar essas conquistas, será necessário apaixonar-se por si, por aquilo que pensa e por aquilo que faz, apaixonando-se, então, pelos desafios do caminho e reconhecendo em cada provação uma oportunidade de transformação. Se paixão é o combustível da regência de Ossá, a falta dela causará a frieza e a estagnação dos seus planos, portanto atenção para não se render às provocações do destino.

Ao mesmo tempo, é hora de aprender, definitivamente, que a vida, as situações do cotidiano e as pessoas ao seu redor têm tempos próprios, contra os quais não adianta lutar. Aprender a usar isso a seu favor, modelando as suas expectativas ao que o momento pode de fato oferecer, sem perder de vista os objetivos e metas futuras, será o ponto-chave do sucesso neste mês e no ano que se aproxima. Antes da virada, **consulte o Jogo de Búzios para conhecer o que 2023 lhe reserva**, renovar suas defesas espirituais e realizar os rituais de proteção necessários para seguir sua jornada de realizações e conquistas rumo ao melhor ano da sua vida até aqui!

*Odu Ofun* NO ASPECTO *positivo*

<u>ORIXÁ REGENTE:</u> *Oxalá*

☾ LUA CRESCENTE

*Dezembro* — Lua fora de curso: 01/12 às 23:44h até 02/12 às 01:40h

# 01
QUINTA

| | |
|---|---|
| 07h | |
| 08h | |
| 09h | |
| 10h | |
| 11h | |
| 12h | |
| 13h | |
| 14h | |
| 15h | |
| 16h | |
| 17h | |
| 18h | |
| 19h | |

MEU MAIOR DESEJO? QUE OXALÁ LHE FAÇA CAPAZ DE AGIR E MUDAR O SEU DESTINO!

*Ofun*

ANOTAÇÕES:

# 02

**SEXTA**

*Odu Owarin* NO ASPECTO *positivo*

ORIXÁ REGENTE: *Iansã*

☾ LUA CRESCENTE

*Lua fora de curso: 01/12 às 23:44h até 02/12 às 01:40h*

*Dezembro*

ABRA O CORAÇÃO E PERMITA QUE IANSÃ LHE TRAGA EQUILÍBRIO E SENSATEZ NAS SUAS ESCOLHAS!

*Owarin*

- 07h
- 08h
- 09h
- 10h
- 11h
- 12h
- 13h
- 14h
- 15h
- 16h
- 17h
- 18h
- 19h

ANOTAÇÕES:

Odu Ejilaxeborá NO ASPECTO *positivo*

ORIXÁ REGENTE: Xangô

☾ LUA CRESCENTE

# 03

## Dezembro

### SÁBADO

07h _____
08h _____
09h _____
10h _____
11h _____
12h _____
13h _____
14h _____
15h _____
16h _____
17h _____
18h _____
19h _____

NÃO HÁ CAMINHOS FECHADOS PARA QUEM TEM FÉ! CONFIE EM XANGÔ!

*Ejilaxeborá*

ANOTAÇÕES:

# 04

**DOMINGO**

*Odu Gjiologbon* NO ASPECTO *negativo*

<u>Orixá Regente:</u> *Nanã*

☾ **LUA CRESCENTE**

*Lua fora de curso: 04/12 às 02:46h até 04/12 às 08:37h*

*Dezembro*

> NÃO DESISTA! NANÃ É QUEM GUIA OS SEUS PASSOS PARA O SUCESSO!

*Gjiologbon*

|  |
|------|
| 07h |
| 08h |
| 09h |
| 10h |
| 11h |
| 12h |
| 13h |
| 14h |
| 15h |
| 16h |
| 17h |
| 18h |
| 19h |

**ANOTAÇÕES:**

*Odu Iká* NO ASPECTO *positivo*

<u>ORIXÁ REGENTE:</u> *Iyewá*

☾ LUA CRESCENTE

*Dezembro*

# 05

SEGUNDA

- 07h _____
- 08h _____
- 09h _____
- 10h _____
- 11h _____
- 12h _____
- 13h _____
- 14h _____
- 15h _____
- 16h _____
- 17h _____
- 18h _____
- 19h _____

ACREDITE NA FORÇA QUE HÁ DENTRO DE VOCÊ! IYEWÁ ESTÁ NO COMANDO!

*Iká*

ANOTAÇÕES:

# 06

**TERÇA**

*Odu Obeogundá* NO ASPECTO *negativo*

<u>ORIXÁ REGENTE:</u> *Obá*

☾ **LUA CRESCENTE**

*Lua fora de curso: 06/12 às 16:01h até 06/12 às 17:48h*

*Dezembro*

ENQUANTO HÁ ESPERANÇA, HÁ UM CAMINHO! QUE OBÁ LHE DÊ FELICIDADE!

*Obeogundá*

| Horário |
|---|
| 07h |
| 08h |
| 09h |
| 10h |
| 11h |
| 12h |
| 13h |
| 14h |
| 15h |
| 16h |
| 17h |
| 18h |
| 19h |

ANOTAÇÕES:

*Odu Aláfia* no aspecto *positivo*

<u>Orixá Regente:</u> *Orunmilá*

☾ LUA CRESCENTE

# 07

## *Dezembro*

## QUARTA

|  | |
|---|---|
| 07h | |
| 08h | |
| 09h | |
| 10h | |
| 11h | |
| 12h | |
| 13h | |
| 14h | |
| 15h | |
| 16h | |
| 17h | |
| 18h | |
| 19h | |

QUE NESSE DIA ORUNMILÁ CUBRA SEU LAR COM CONFIANÇA E ALEGRIAS!

*Aláfia*

ANOTAÇÕES:

# 08
**QUINTA**

*Odu Ejiogbê* NO ASPECTO *positivo*
ORIXÁ REGENTE: *Xangô Airá*

O LUA CHEIA

*Dezembro*

NO DIA DE HOJE, AMANHÃ E SEMPRE, QUE XANGÔ LHE DÊ A SABEDORIA DAS BOAS ESCOLHAS!

*Ejiogbê*

- 07h
- 08h
- 09h
- 10h
- 11h
- 12h
- 13h
- 14h
- 15h
- 16h
- 17h
- 18h
- 19h

ANOTAÇÕES:

*Odu Ossá* NO ASPECTO *positivo*

<u>ORIXÁ REGENTE:</u> *Iemanjá*

○ LUA CHEIA

Lua fora de curso: 09/12 às 03:13h até 09/12 às 04:48h

*Dezembro*

# 09

SEXTA

- 07h
- 08h
- 09h
- 10h
- 11h
- 12h
- 13h
- 14h
- 15h
- 16h
- 17h
- 18h
- 19h

ACEITE SUAS BÊNÇÃOS: QUE IEMANJÁ LHE PERMITA RENOVAR-SE A CADA MANHÃ!

*Ossá*

ANOTAÇÕES:

# 10

**SÁBADO**

*Odu Ofun* NO ASPECTO *positivo*

<u>ORIXÁ REGENTE:</u> *Oxalá*

O LUA CHEIA

*Dezembro*

APESAR DE TODAS AS INTEMPÉRIES, QUE OXALÁ MULTIPLIQUE SUAS BOAS AÇÕES!

*Ofun*

- 07h
- 08h
- 09h
- 10h
- 11h
- 12h
- 13h
- 14h
- 15h
- 16h
- 17h
- 18h
- 19h

ANOTAÇÕES:

*Odu Owarín* NO ASPECTO *positivo*

ORIXÁ REGENTE: *Iansã*

○ LUA CHEIA

Lua fora de curso: 11/12 às 15:49h até 11/12 às 17:08h

*Dezembro*

# 11
DOMINGO

- 07h _____
- 08h _____
- 09h _____
- 10h _____
- 11h _____
- 12h _____
- 13h _____
- 14h _____
- 15h _____
- 16h _____
- 17h _____
- 18h _____
- 19h _____

BONS CAMINHOS, BOAS CONQUISTAS E BOAS COMPANHIAS: IANSÃ LHE PROTEGE!

*Owarín*

ANOTAÇÕES:

# 12

*Odu Ejilaxeborá* NO ASPECTO *positivo*

ORIXÁ REGENTE: *Xangô*

O LUA CHEIA

**SEGUNDA**

*Dezembro*

Dia de Celebração ao Odu Ejilaxeborá

VOCÊ É CAPAZ DE SUPERAR TODOS OS DESAFIOS! CONFIE EM XANGÔ!

*Ejilaxeborá*

|  | |
|---|---|
| 07h | |
| 08h | |
| 09h | |
| 10h | |
| 11h | |
| 12h | |
| 13h | |
| 14h | |
| 15h | |
| 16h | |
| 17h | |
| 18h | |
| 19h | |

ANOTAÇÕES:

*Odu Ojiologbon* NO ASPECTO *negativo*

ORIXÁ REGENTE: Nanã

O LUA CHEIA

*Dezembro*

Lua fora de curso: 13/12 às 12:51h
até 14/12 às 05:45h

# 13
TERÇA

Dia de Santa Luzia / Dia de Iyewá

- 07h _____
- 08h _____
- 09h _____
- 10h _____
- 11h _____
- 12h _____
- 13h _____
- 14h _____
- 15h _____
- 16h _____
- 17h _____
- 18h _____
- 19h _____

QUE NANÃ ABRA OS SEUS CAMINHOS PARA A VITÓRIA E A FELICIDADE!

*Ojiologbon*

ANOTAÇÕES:

# 14

**QUARTA**

*Odu Iká* NO ASPECTO *negativo*

<u>ORIXÁ REGENTE:</u> *Iyewá*

O LUA CHEIA

*Dezembro*

FÉ ACIMA DE TUDO E APESAR DE TUDO, IYEWÁ É POR VOCÊ!

*Iká*

| | |
|---|---|
| | 07h |
| | 08h |
| | 09h |
| | 10h |
| | 11h |
| | 12h |
| | 13h |
| | 14h |
| | 15h |
| | 16h |
| | 17h |
| | 18h |
| | 19h |

ANOTAÇÕES:

*Odu Obeogundá* NO ASPECTO *positivo*

<u>ORIXÁ REGENTE:</u> *Obá*

○ LUA CHEIA

*Dezembro*

# 15
QUINTA

| | |
|---|---|
| 07h | |
| 08h | |
| 09h | |
| 10h | |
| 11h | |
| 12h | |
| 13h | |
| 14h | |
| 15h | |
| 16h | |
| 17h | |
| 18h | |
| 19h | |

OBÁ LHE PERMITA SEGUIR EM FRENTE, POIS A FELICIDADE ESTÁ CHEGANDO!

*Obeogundá*

ANOTAÇÕES:

# 16
**SEXTA**

*Odu Aláfia* NO ASPECTO *negativo*

<u>ORIXÁ REGENTE:</u> *Orunmilá*

☾ LUA MINGUANTE
*Lua fora de curso: 16/12 às 16:13h até 16/12 às 16:49h*

*Dezembro*

ACALME SEU CORAÇÃO E RECEBA AS BENÇÃOS DE ORUNMILÁ... UM NOVO DIA VAI RAIAR!

*Aláfia*

|  | |
|---|---|
| 07h | |
| 08h | |
| 09h | |
| 10h | |
| 11h | |
| 12h | |
| 13h | |
| 14h | |
| 15h | |
| 16h | |
| 17h | |
| 18h | |
| 19h | |

ANOTAÇÕES:

*Odu Ejionilé* NO ASPECTO *negativo*

ORIXÁ REGENTE: *Xangô Airá*

☾ LUA MINGUANTE

*Dezembro*

# 17

SÁBADO

07h _____
08h _____
09h _____
10h _____
11h _____
12h _____
13h _____
14h _____
15h _____
16h _____
17h _____
18h _____
19h _____

XANGÔ AIRÁ LHE PERMITA AMADURECER COM OS DESAFIOS DO DESTINO!

*Ejionilé*

ANOTAÇÕES:

# 18
**DOMINGO**

*Odu Ossá* NO ASPECTO *negativo*

ORIXÁ REGENTE: *Obá*

☽ LUA MINGUANTE
Lua fora de curso: 18/12 às 19:35h
até 19/12 às 00:30h

*Dezembro*

NO DIA DE HOJE, AMANHÃ E SEMPRE, QUE OBÁ TRAGA A RENOVAÇÃO EM SUA VIDA!

*Ossá*

- 07h
- 08h
- 09h
- 10h
- 11h
- 12h
- 13h
- 14h
- 15h
- 16h
- 17h
- 18h
- 19h

ANOTAÇÕES:

*Odu Ofun* NO ASPECTO *negativo*

ORIXÁ REGENTE: *Oxalá*

☽ LUA MINGUANTE

Lua fora de curso: 18/12 às 19:35h até 19/12 às 00:30h

*Dezembro*

**19**

SEGUNDA

07h _____
08h _____
09h _____
10h _____
11h _____
12h _____
13h _____
14h _____
15h _____
16h _____
17h _____
18h _____
19h _____

QUE OXALÁ LHE DÊ FORÇA E CORAGEM PARA VENCER!

*Ofun*

ANOTAÇÕES:

# 20

**TERÇA**

*Odu Owarín* NO ASPECTO *negativo*

<u>ORIXÁ REGENTE:</u> *Iansã*

☽ LUA MINGUANTE
*Lua fora de curso: 20/12 às 23:44h até 21/12 às 04:12h*

*Dezembro*

FELICIDADE E PROSPERIDADE: ESSAS SÃO AS PROMESSAS DE IANSÃ PARA O SEU DIA!

*Owarín*

| | |
|---|---|
| | 07h |
| | 08h |
| | 09h |
| | 10h |
| | 11h |
| | 12h |
| | 13h |
| | 14h |
| | 15h |
| | 16h |
| | 17h |
| | 18h |
| | 19h |

ANOTAÇÕES:

*Odu Ejilaxeborá* NO ASPECTO *negativo*

<u>ORIXÁ REGENTE:</u> *Xangô*

☽ LUA MINGUANTE

*Lua fora de curso: 20/12 às 23:44h até 21/12 às 04:12h*

*Dezembro*

# 21
QUARTA

Início do Verão

07h _____
08h _____
09h _____
10h _____
11h _____
12h _____
13h _____
14h _____
15h _____
16h _____
17h _____
18h _____
19h _____

NO DIA DE HOJE, AMANHÃ E SEMPRE, QUE XANGÔ ABRA OS SEUS CAMINHOS!

*Ejilaxeborá*

ANOTAÇÕES:

# 22
## QUINTA

*Odu Ojíologbon* NO ASPECTO *negativo*

<u>ORIXÁ REGENTE:</u> *Nanã*

☽ LUA MINGUANTE
*Lua fora de curso: 22/12 às 17:15h até 23/12 às 04:49h*

*Dezembro*

SORRIA... UM NOVO SOL RAIOU!
QUE NANÃ ABENÇOE E PROTEJA O SEU DIA!

*Ojíologbon*

_____ 07h
_____ 08h
_____ 09h
_____ 10h
_____ 11h
_____ 12h
_____ 13h
_____ 14h
_____ 15h
_____ 16h
_____ 17h
_____ 18h
_____ 19h

ANOTAÇÕES:

*Odu Iká* NO ASPECTO *negativo*

<u>ORIXÁ REGENTE:</u> *Oxumarê*

● LUA NOVA

*Lua fora de curso: 22/12 às 17:15h até 23/12 às 04:49h*

*Dezembro*

# 23
SEXTA

- 07h
- 08h
- 09h
- 10h
- 11h
- 12h
- 13h
- 14h
- 15h
- 16h
- 17h
- 18h
- 19h

NÃO DESEJE O MAL... DEIXE QUE OXUMARÊ LHE PROTEJA DAS MÁS INFLUÊNCIAS!

*Iká*

ANOTAÇÕES:

# 24

*Odu Obeogundá* NO ASPECTO *negativo*

<u>ORIXÁ REGENTE:</u> *Obá*

● LUA NOVA

**SÁBADO**

*Dezembro*

Véspera de Natal

AGRADEÇA A CADA SEGUNDO E OBSERVE O PODER DE OBÁ TRANSFORMAR SUA VIDA!

*Obeogundá*

- 07h
- 08h
- 09h
- 10h
- 11h
- 12h
- 13h
- 14h
- 15h
- 16h
- 17h
- 18h
- 19h

ANOTAÇÕES:

*Odu Aláfia* NO ASPECTO *negativo*

ORIXÁ REGENTE: *Orunmilá*

● LUA NOVA

Lua fora de curso: 25/12 às 00:10h até 25/12 às 04:13h

## Dezembro

# 25

**DOMINGO**

Natal / Dia de Oxalá

- 07h _____
- 08h _____
- 09h _____
- 10h _____
- 11h _____
- 12h _____
- 13h _____
- 14h _____
- 15h _____
- 16h _____
- 17h _____
- 18h _____
- 19h _____

POR TODO O DIA, AGRADEÇA A ORUNMILÁ PELAS VITÓRIAS DA VIDA!

*Aláfia*

ANOTAÇÕES:

# 26

**SEGUNDA**

*Odu Ejionilé* NO ASPECTO *negativo*

<u>ORIXÁ REGENTE:</u> *Oxoguiã*

● LUA NOVA

*Lua fora de curso: 26/12 às 15:19h até 27/12 às 04:33h*

*Dezembro*

POR HOJE E PELOS DIAS QUE VIRÃO, QUE OXOGUIÃ LHE ACOLHA EM SEUS BRAÇOS E ABENÇOE SEU DIA!

*Ejionilé*

- 07h
- 08h
- 09h
- 10h
- 11h
- 12h
- 13h
- 14h
- 15h
- 16h
- 17h
- 18h
- 19h

ANOTAÇÕES:

*Odu Ossá* NO ASPECTO *negativo*

<u>ORIXÁ REGENTE:</u> *Iyewá*

● LUA NOVA

*Dezembro*

Lua fora de curso: 26/12 às 15:19h até 27/12 às 04:33h

# 27

TERÇA

|  | |
|------|---|
| 07h | |
| 08h | |
| 09h | |
| 10h | |
| 11h | |
| 12h | |
| 13h | |
| 14h | |
| 15h | |
| 16h | |
| 17h | |
| 18h | |
| 19h | |

RESPIRE FUNDO E CONFIE: IYEWÁ TEM UMA VITÓRIA GUARDADA PARA VOCÊ!

*Ossá*

ANOTAÇÕES:

# 28
**QUARTA**

*Odu Ofun* NO ASPECTO *positivo*

<u>ORIXÁ REGENTE:</u> *Oxalá*

● LUA NOVA

*Dezembro*

AVANTE! OXALÁ VAI LHE GUIAR NO CAMINHO DA VERDADE!

*Ofun*

- 07h
- 08h
- 09h
- 10h
- 11h
- 12h
- 13h
- 14h
- 15h
- 16h
- 17h
- 18h
- 19h

ANOTAÇÕES:

*Odu Ejiokô* NO ASPECTO *negativo*

<u>ORIXÁ REGENTE:</u> *Omolu*

☾ LUA CRESCENTE

Lua fora de curso: 29/12 às 03:20h até 29/12 às 07:36h

*Dezembro*

# 29
QUINTA

|  | |
|---|---|
| 07h | |
| 08h | |
| 09h | |
| 10h | |
| 11h | |
| 12h | |
| 13h | |
| 14h | |
| 15h | |
| 16h | |
| 17h | |
| 18h | |
| 19h | |

POR HOJE, QUE EXU LHE PROVOQUE... E QUE OXALÁ LHE ABENÇOE!

*Ejiokô*

ANOTAÇÕES:

# 30

*Odu Ejilaxeborá* NO ASPECTO *positivo*

<u>ORIXÁ REGENTE:</u> *Xangô*

☾ LUA CRESCENTE

**SEXTA**

*Dezembro*

VOCÊ ESTÁ NO CAMINHO CERTO! QUE XANGÔ GUIE SEUS PASSOS E SUAS DECISÕES!

*Ejilaxeborá*

- 07h
- 08h
- 09h
- 10h
- 11h
- 12h
- 13h
- 14h
- 15h
- 16h
- 17h
- 18h
- 19h

ANOTAÇÕES:

*Odu Ojiologbon* NO ASPECTO *negativo*

<u>ORIXÁ REGENTE:</u> *Nanã*

☾ LUA CRESCENTE

# *Dezembro*

# 31

## SÁBADO

Réveillon

| | |
|---|---|
| 07h | _____ |
| 08h | _____ |
| 09h | _____ |
| 10h | _____ |
| 11h | _____ |
| 12h | _____ |
| 13h | _____ |
| 14h | _____ |
| 15h | _____ |
| 16h | _____ |
| 17h | _____ |
| 18h | _____ |
| 19h | _____ |

POR HOJE E SEMPRE, NANÃ LHE DÊ BONS AMIGOS EM QUEM CONFIAR!

*Ojiologbon*

ANOTAÇÕES:

## Telefones importantes

**Nome:** _____
Tel.: (___) _____-_____   Cel.: (___) _____-_____

**Nome:** _____
Tel.: (___) _____-_____   Cel.: (___) _____-_____

**Nome:** _____
Tel.: (___) _____-_____   Cel.: (___) _____-_____

**Nome:** _____
Tel.: (___) _____-_____   Cel.: (___) _____-_____

**Nome:** _____
Tel.: (___) _____-_____   Cel.: (___) _____-_____

**Nome:** _____
Tel.: (___) _____-_____   Cel.: (___) _____-_____

**Nome:** _____
Tel.: (___) _____-_____   Cel.: (___) _____-_____

**Nome:** _____
Tel.: (___) _____-_____   Cel.: (___) _____-_____

**Nome:** _____
Tel.: (___) _____-_____   Cel.: (___) _____-_____

**Nome:** _____
Tel.: (___) _____-_____   Cel.: (___) _____-_____

**Nome:** _____
Tel.: (___) _____-_____   Cel.: (___) _____-_____

# Telefones importantes

**Nome:** _____
Tel.: (___) _____-_____   Cel.: (___) _____-_____

**Nome:** _____
Tel.: (___) _____-_____   Cel.: (___) _____-_____

**Nome:** _____
Tel.: (___) _____-_____   Cel.: (___) _____-_____

**Nome:** _____
Tel.: (___) _____-_____   Cel.: (___) _____-_____

**Nome:** _____
Tel.: (___) _____-_____   Cel.: (___) _____-_____

**Nome:** _____
Tel.: (___) _____-_____   Cel.: (___) _____-_____

**Nome:** _____
Tel.: (___) _____-_____   Cel.: (___) _____-_____

**Nome:** _____
Tel.: (___) _____-_____   Cel.: (___) _____-_____

**Nome:** _____
Tel.: (___) _____-_____   Cel.: (___) _____-_____

**Nome:** _____
Tel.: (___) _____-_____   Cel.: (___) _____-_____

**Nome:** _____
Tel.: (___) _____-_____   Cel.: (___) _____-_____

## Telefones importantes

**Nome:** _____
Tel.: (___) _____-_____     Cel.: (___) _____-_____

**Nome:** _____
Tel.: (___) _____-_____     Cel.: (___) _____-_____

**Nome:** _____
Tel.: (___) _____-_____     Cel.: (___) _____-_____

**Nome:** _____
Tel.: (___) _____-_____     Cel.: (___) _____-_____

**Nome:** _____
Tel.: (___) _____-_____     Cel.: (___) _____-_____

**Nome:** _____
Tel.: (___) _____-_____     Cel.: (___) _____-_____

**Nome:** _____
Tel.: (___) _____-_____     Cel.: (___) _____-_____

**Nome:** _____
Tel.: (___) _____-_____     Cel.: (___) _____-_____

**Nome:** _____
Tel.: (___) _____-_____     Cel.: (___) _____-_____

**Nome:** _____
Tel.: (___) _____-_____     Cel.: (___) _____-_____

**Nome:** _____
Tel.: (___) _____-_____     Cel.: (___) _____-_____

## Anotações, Reflexões e Meditações Pessoais

## _Lições aprendidas no ano que passou..._

O ano está chegando ao fim e, com isso, é hora de estabelecer as metas e objetivos para o novo ciclo que se aproxima. Antes disso, que tal aproveitar esse momento para perceber o quanto você evoluiu nos meses que se passaram? Pensando nos últimos 12 meses, quais foram as principais lições aprendidas até aqui?

1. _____
2. _____
3. _____
4. _____
5. _____
6. _____
7. _____
8. _____
9. _____
10. _____
11. _____
12. _____

## _Metas pessoais para o ano que vai começar..._

Ao meditar conscientemente sobre as experiências do passado e entendermos como, a cada dia, podemos nos tornar responsáveis pela nossa própria felicidade, também podemos escolher o futuro que vamos experimentar. Pensando nisso e nas lições aprendidas até aqui, quais são as suas metas e objetivos para transformar o ano que vem no melhor ano da sua vida até agora?

1. _____
2. _____
3. _____
4. _____
5. _____
6. _____
7. _____
8. _____
9. _____
10. _____
11. _____
12. _____

# Orixás 2022

*Uma publicação da Arole Cultural*

Acesse o site

www.arolecultural.com.br